积极心理学视角下
大学生心理健康教育研究

郎艳红 杜龙龙 刘哲 著

延吉·延边大学出版社

图书在版编目（CIP）数据

积极心理学视角下大学生心理健康教育研究 / 郎艳红，杜龙龙，刘哲著. -- 延吉 ： 延边大学出版社，2023.10
　　ISBN 978-7-230-05643-4

　　Ⅰ．①积… Ⅱ．①郎… ②杜… ③刘… Ⅲ．①大学生－心理健康－健康教育－研究 Ⅳ．①G444

　　中国国家版本馆CIP数据核字（2023）第196156号

积极心理学视角下大学生心理健康教育研究

著　　者：	郎艳红　杜龙龙　刘哲
责任编辑：	金钢铁
封面设计：	文合文化
出版发行：	延边大学出版社

社　　址：吉林省延吉市公园路 977 号　　　邮　编：133002

网　　址：http://www.ydcbs.com　　　　　E-mail：ydcbs@ydcbs.com

电　　话：0433-2732435　　　　　　　　传　真：0433-2732434

印　　刷：廊坊市广阳区九洲印刷厂

开　　本：710 毫米 ×1000 毫米　1/16

印　　张：12.5

字　　数：200 千字

版　　次：2023 年 10 月第 1 版

印　　次：2023 年 10 月第 1 次印刷

书　　号：ISBN 978-7-230-05643-4

定　　价：78.00 元

前　言

随着人类社会的高速发展，科学技术的不断进步，人们在社会生活中面临着越来越艰巨的挑战。因社会工作对人才要求的增加，带给现今社会的储备人才——大学生的压力也就越来越大。在重压之下，提升心理素质，提高心理负荷水准，已成为每一位在校大学生的"必修课"。与此同时，步入校园的大学生也可能会受到学习环境变化、学业压力、人际关系等因素的影响，而出现不同层面的心理问题。

为此，加强大学生心理健康教育，对高校落实立德树人的根本任务，推进素质教育，建设和谐社会具有重要意义。大学生心理健康教育充分挖掘了大学生的心理潜能，培养其良好的心理素质，促进其人格健全发展，增强他们的社会适应能力，最大限度地实现他们的人生价值。心理健康教育主要通过对学生进行心理健康知识的宣传和教育，引导学生正确地对待自己、他人和社会，正确地对待困难、挫折和荣誉，塑造健康的个性，以此提高学生的心理素质，促进心理和谐，构建和谐社会。

本书主要研究积极心理学与大学生心理健康教育方面的问题，涉及丰富的心理健康教育知识。其主要内容包括积极心理学基础知识、心理健康基础知识、大学生自我意识、大学生学习心理、大学生人际交往、大学生情绪管理等。书中在内容选取上既兼顾到知识的系统性，又考虑到可接受性，涉及面广，实用性强，使读者能理论结合实践，在获得知识的同时掌握技能，理论与实践并重，并强调理论与实践相结合。本书兼具理论与实际应用价值，可供相关教育工作者参考和借鉴。

本书在写作过程中，参考了中外众多学者的研究成果，在此一并表示感谢。由于笔者水平有限，本书难免存在不妥之处，敬请广大学界同仁与读者批评指正。

目　录

第一章　积极心理学概述

第一节　积极心理学的时代主题

　　积极心理学的产生缘起于塞利格曼教授和他女儿的一次花园对话。女儿的回答让塞利格曼教授意识到，心理学应该研究人的积极方面，这促使他发起了一场关注人类积极力量和潜能的积极心理学运动。他在当选美国心理学会（American Psychological Association，简称 APA）主席之后，更是积极倡导积极心理学运动，这引起了心理学研究者的足够重视。在 1998 年的美国心理学会年度大会上，塞利格曼教授第一次提出了"积极心理学"一词，并强调应该将积极心理学作为 21 世纪心理学工作的重心之一。2000 年，塞利格曼教授在《美国心理学家》期刊上发表了《积极心理学导论》一文，标志着积极心理学运动正式兴起，积极心理学成为心理学发展的重要方向。

一、积极心理学的主题

　　积极心理学并不只是修正心理学研究的价值取向，更重要的是让民众看到人性中的"善"、人性中的"积极"，引导民众学会体验和获得幸福。可以这么说，积极心理学就是一门研究和培养人类积极品质和美德，激发个人潜能，提升个体幸福体验的科学。

　　积极心理学运动不仅引发了我们对生活质量的认识和思考，还反映了当代社会发展的价值诉求。积极、幸福和蓬勃突出了我们当代社会的主题，成为民众精神生活的自觉追求，是定义当代积极心理学运动发展的关键词。

（一）积极

积极一词来自拉丁语"positum"，原意是指"实际而具有建设性的或潜在的"。心理学所说的"积极"，一般具有"正向"或"主动"的含义，既包含外在的主动、积极行为，也包含内在的积极性和倾向性。

在积极心理学领域，"积极"具体包含三个方面的含义。第一，"积极"是相对"消极"或"问题"而言的。积极心理学把心理学研究的焦点从"问题"或者"异常行为"转向人性的积极方面，这是对之前试图通过聚焦问题、解决问题，以促进个体心理健康的增进策略的补充和完善。第二，引导我们关注人类的积极心理品质，这是我们之前忽视的地方。之前，我们总是关注解决人类自身存在的问题，却忽视了人类自身的积极力量，没有依靠这些积极力量来提升和完善自己。第三，从积极、正面的角度对心理现象作出适当的解释，并从中获得积极的意义。因为从进化心理学的角度来看，抑郁症、强迫症、精神分裂症等心理疾患都是人类适应环境的机制。

总的来说，积极心理学的"积极"更多强调的是看待问题的视角。心理学本来是一门能让人幸福的学科，积极心理学促使心理学的研究回归原有的价值导向。我们之前聚焦问题、关注消极方面，是想通过解决问题来增进个体的心理健康。但是，这种心理健康增进策略不断地强调病理性行为，让人产生了"我们都有病"的感觉，这与心理学的初衷是背道而驰的。积极心理学引导我们关注人类的积极方面，从而使得一些积极品质和力量重新回到我们的视野中，让我们看到人类心理现象中正向、积极的一面。

（二）幸福

"幸福"一词由迪纳教授引入积极心理学。在积极心理学运动的前期，幸福感几乎成了积极心理学的代名词。在研究主题方面，幸福感成为积极心理学的核心主题和主要内容。

在积极心理学中，"幸福"包含两个方面的含义。一是积极的情绪体验，比如快乐、兴奋等典型体验。在这种体验中，我们能由衷地体验到高兴、愉快等情绪，这是所有人都向往的心理体验。幸福感是人类最为重要的内在体验，也是所有积极力量和品质形成的关键。二是高质量的生活，既包含物质生活状况，也包括对内在精神世界的评价。幸福感实际上是对当前生活质量的综合评价，体现了对当前生活质量的满意程度。

总的来说，增强幸福感的关键在于不断地满足我们的生活需求。比如，住房的满足、出行的便利、生命财产的安全、人际的信任、内心的安宁等。这需要我们树立理性的幸福观念，正确地看待生活中的得与失、利与弊、多与少等，对现实社会和自身发展要有合理的预期。

（三）蓬勃

随着积极心理学运动的深入发展，积极心理学的内容主题逐渐丰富起来。塞利格曼教授认为，应该将人生的蓬勃（flourish）程度作为衡量幸福的黄金标准。他认为，之前我们对幸福的注解存在三个明显的不足。一是把积极情绪与幸福牢牢地联系在一起，似乎谈到幸福，就必然要联系到积极情绪，甚至将幸福体验等同于积极情绪体验。二是对个体幸福体验的衡量太侧重于对生活质量的主观评价，但是这种衡量的方式存在明显的问题，主观性太强，也不太稳定。也许之前让你感觉满意的事情，此刻又不会感到满意。三是积极情绪、投入、人生意义并不能完全代表所有人的追求。幸福的生活状态还包含很多内容，当下的生活和精神状态才是应该重点考虑的方面。

在中国文化背景下，蓬勃就是指生命的活力，即我们展现出来的富有生机的精神面貌和主动的行为表现。青少年是一个充满朝气、活力的群体，在他们当中，展现蓬勃生活状态的例子不胜枚举。他们敢于"仰望星空"，对未来充满理想和抱负，面对重大突发事件，愿意为自己的理想和抱负而勇当"逆行"者，不负韶华；他们"不怕失败"，有敢作敢为的拼劲，面对历史使命，朝气蓬勃，在创新创业大潮中敢作敢为，激发了无限的创新创造潜能。积极心态的建设非常重要，自尊自信、理性平和、积极向上的社会心态，不仅有助于促进社会和谐，还有助于增强个人的幸福体验。

积极、幸福和蓬勃是我们追求的积极心理状态。积极向我们展示了人类心理现象中正向的一面，幸福凸显了我们对生活品质的追求，蓬勃则显示了我们寻求幸福的内在动力和状态。围绕这三个主题，积极心理学推动了我们对人类自身的积极品质和美德的不断探索。

二、积极心理学关注积极品质和美德

（一）人类自身具有积极品质和美德

1. 人性本善

人的本性是善，还是恶？这不仅是哲学问题，也是心理学关心的话题。有关人性本质的探讨贯穿了心理学的整个发展历史，在不同的人性假设前提下，形成了不同的理论派别。比如，在面对压力时，人性是趋于善的、积极的，还是趋于恶的、消极的？在弗洛伊德看来，人性是恶的、消极的，人类总是以病态的形式来摆脱压力和困境；在马斯洛看来，人性是善的、积极的，人类具有自我实现的驱动力。

积极心理学的研究证明，"人性是善的"。以心理健康教育为例，积极心理学合理地解释了我们在心理健康促进活动中所表现出来的正能量。回顾心理健康教育的发展历程，心理健康教育的实践也曾趋向于"人性是恶的"，抹杀了人积极的一面，突出了消极的方面：面对的都是"有问题"的个体，讲授的都是症状和治疗方面的内容，实践的重点都是如何治疗，工作的目标是尽量不出事。但对照现实生活，我们会发现一个矛盾现象：既然人都是消极的，那为什么有不少人主动学习与心理健康相关的课程？为什么有不少人遇到心理困惑时会主动寻求专业咨询和治疗？这些行为促使我们重新思考人性的本质，反思工作的价值导向。心理健康教育的目的不仅在于消除心理困扰，缓解心理问题，还在于挖掘和提升个体的积极品质和力量，提升心理健康素质。

2. 积极品质和美德是人类固有的本性

很多人都渴望塑造积极品质和美德，挖掘自身的积极心理品质和潜能，但似乎都忽视了这样一个事实——积极心理品质和美德是我们人类固有的。在积极心理学的研究中，不乏这一方面的经典案例。

比如，研究同情心的经典实验——婴儿啼哭实验。我们都知道，在日常生活中，如果一个房间里面有两个及以上的婴儿，那么照顾起来就比较麻烦。为什么呢？因为如果其中一个婴儿啼哭，另外的婴儿自然就会跟着啼哭。有些心理学家会思考这是为什么，是被情绪传染了，还是源自天生的同情心？有研究者做了这样一个实验。他们预先录下了其中一个婴儿的哭声，又录下另外一个婴儿的哭声。在一个安静的房间中，他们发现，婴儿听到自己的哭声并没有出现哭泣行为，但是听到其他婴儿的哭声就会跟着哭泣。这项实验表明，人类天生就具有同情心。

又比如，国外的社会心理学家做过一项观察实验，结果表明，我们这个世界还是好人多。实验是在冰雪天气中一个公交车站进行的。实验的目的是观察有多少人愿意为一个衣着单薄的儿童提供如衣服、围巾、手套等帮助。除了这个孩子知道整个实验过程会被录像以外，站在车站候车的人们并不知道正在被拍摄记录。结果显示，见过这个小孩的绝大多数人或是脱下大衣外套，或是脱下手套，或是脱下围巾……这个实验的结果证明，社会上绝大多数人愿意在没有任何利益的前提下为其他人提供帮助。

虽然人类的积极品质与美德与生俱来，无须刻意地塑造和培养，但需要我们主动地发现，有意识地挖掘。主动地发现，就是我们愿意从正面、好的一面去认识心理品质和美德。有意识地挖掘，就是通过参与一些实践活动，有意识地展现自身所具有的积极品质和美德。

（二）积极品质和美德是可以习得的

1. 积极品质和美德可以通过后天努力获得

塞利格曼教授先前的一项实验结果表明，积极品质和美德也是可以经过后天的努力而获得的。

塞利格曼教授开展过一项揭示抑郁症病理机制的实验。在这项实验中，用设备反复电击一条关在特制铁笼中的小狗。铁笼经过特殊设计，中间有隔断，这个隔断将铁笼分为左、右两边，两边都有单独的通电开关控制。一开始，这条狗在笼子的一侧受到电击后，出于本能反应，自然会跑到铁笼的另一侧。反复多次之后，铁笼的两侧同时通电。这条狗闹腾一段时间之后，开始放弃任何逃避电击的尝试，对电击不做任何反应。实验之后，塞利格曼教授进一步反思：既然抑郁症可以后天习得，那么幸福也可以通过后天努力而获得。

2. 积极品质和美德可以通过有计划的训练获得

国外已有学者开展过通过感恩练习来增强个体幸福感的实验。在这个实验中，要求参与者每天花15分钟梳理自己感激的事情，并每周做一次总结。6周以后，这些参与者的幸福感都得到了明显提升。国内不少学者也实施了类似的提升个体幸福感的临床干预方案。王彦等人（2013）将招募到的参与者随机分为感激组、乐观组和控制组。其中，感激组参与者每周要留意和写下 5 件感激的事情，乐观组参与者每周要想象理想未来的样子并写下纸质材料，控制组参与者每周要留意和写下 5 件对生活有影响的事情。在实验前后，所有参加实验的参与者都填写了个人资料并做了一系列的测验，包括牛津幸福感问卷、正向和负向情感量表、生活满意度量表、流行病学研究中心抑郁量表、个人—活动适合度量表。实验结束后，所有参与者自评练习过程中的个人努力程度。在练习 5 周后，感激组参与者的幸福感水平显著高于乐观组和控制组的参与者。同时，从幸福感的提升程度来看，感激组参与者的幸福感提升程度显著高于乐观组和控制组的参与者。

在以上研究的基础上，心理学家柳博米尔斯基等人提出了"持续幸福的模型"。他们认为，人类的幸福感受到遗传、环境以及有目的的行为的综合影响。在这个模型中，遗传决定着人类幸福的起点，环境影响着人类幸福的程度，有目的的行为则影响着人类幸福的频率。从这个模型来看，可以通过改变有目的的行为增强和提升幸福感。

三、积极心理学的发展趋势

（一）传播积极心理学理念的幸福教育蓬勃发展

进入 21 世纪之后，以"幸福"为核心的积极心理学运动在全球掀起了一场"幸福教育"的浪潮。幸福教育以培养和增进人的幸福体验为目的，引导人们树立正确的幸福观，传播和普及积极心理学的知识，倡导增强和提升个人幸福体验的科学方法，弘扬积极心理健康教育的理念与文化。其中，树立正确的幸福观是幸福教育的起点。"幸福教育"面向生活，让人们思索幸福的意义，引导个体感知幸福、体验幸福、追求幸福、珍惜幸福。这不仅使当前的教育恢复了应然价值，让教育恢复到"育人"的地位，而且是引导个体和社会形成正确的幸福观，拓展和增强个体幸福感的有效途径。

（二）大力推动积极心理学课程建设

幸福教育的浪潮冲击着传统的心理学课程体系，特别是哈佛大学的泰勒·本-沙哈尔（Tal Ben-Shahar）博士主讲的"幸福课（Positive Psychology）"，备受人们关注。此后，以幸福为导向的课程及其教育理念席卷全球，美国、英国、澳大利亚、丹麦等国家纷纷启动幸福教育实验或建设幸福教育课程。幸福教育及其课程已经成为积极心理学运动的一种新的重要形式。国内不少高校开设了积极心理学课程，普及积极心理学的知识和提升幸福感的技能。

（三）重视文化差异，正确解读中国人的积极心理和行为

虽然人类的心理现象具有普遍性和共同性，但是跨文化的研究结果显示，文化是重要的影响变量，同样的积极心理品质在中西方文化背景下的内涵及表现形式有着明显的差异。

以自尊为例，舒首立等人（2012）就指出，中国文化中的"自尊"并不等同于西方文化中的"自尊"。中国人的自尊是指我们对自己的基本态度和评价，包括个体自尊、民族自尊和文化自尊；而西方的自尊则指人们对自己的认识、评价或者情感，具体表现为自我胜任感、自我价值感，或者二者的结合。从概念涉及的内容范围来看，中国人的自尊涉及个人和集体层面。同时，一些在西方积极心理学中被视为消极的心理结构，在中国文化背景下却能够带来积极的效果。以情绪调节的表达抑制策略为例，巴特勒等人（2007）在对欧裔美国人和亚裔美国人进行调查时发现，欧裔美国人使用表达抑制策略导致人际互动和活动减少，给同伴留下了负面的印象，增加了敌对情绪，但亚裔美国人使用表达抑制策略的效果却恰好相反。在不少研究中发现，表达抑制能让东方民众获得群体的接纳，更好地融入群体。

（四）吸收并融合中国传统文化的精华，积极倡导中国积极的价值取向

积极心理学运动发轫于西方，探讨的都是根植于西方文化背景下的积极品质和美德，深受西方价值观的影响。而本文讲述的是中国人的幸福故事，从中透析中国人的幸福心理，解读中国人的幸福现象，走进中国人的幸福生活，展现中国的心理健康文化，适应中国人的心理健康需求。

更重要的是，中西方对幸福的理解是不同的，中国人以"乐"作为幸福的表现。曾红等人（2012）认为，中国人的幸福感重视人际与集体的和谐，重视精神的感受。这种幸福感是人际关系和社会和谐的集体主义幸福观，并且与道德感，审美感相连，追求的是一种理性之乐。具体来说，中国人的幸福更多地受到人际关系质量以及社会环境的影响；中国人的幸福强调精神的满足，追求精神之乐；中国人在谈到幸福的时候，往往以不幸作为背景，越是产生强烈的不幸体验，就越是强烈地追求幸福；在幸福的体验上，中国人并不追求极端强烈的积极情绪体验，而是追求一种平淡的心境，即积极情绪体验与消极情绪体验之间的平衡。

第二节　积极心理学的宗旨与内容体系

一、积极心理学的宗旨

根据塞利格曼和契克森米哈赖的观点，积极心理学的宗旨包括三个方面：帮助个体发现存在的乐趣；帮助社会建设可持续发展的社会契约；帮助人类实现对人性更深刻的理解。

（一）帮助个体发现存在的乐趣

存在的乐趣分为三个层次：舒适的生活、发挥潜能的生活和有意义的生活。在第一个层次上，人们追求的是避免劳苦，增加闲暇，减少痛苦，增加欢乐，寻求金钱、地位、舒适和刺激。在第二个层次上，人们追求的是通过迎接挑战和克服困难，不断锻炼自身能力，发展优势特长，满足个人兴趣，增强灵活性和适应性，发展出高度的心理复杂性。在第三个层次上，人们追求的是超越自我利益，关注他人福祉，融入更宏大的社会体系之中，作出自己的贡献。

积极心理学关心如何最大限度地提高个人心理复杂性，实现其潜能发展，使个人更好地应对自然和社会。积极心理学旨在帮助人们发现存在的乐趣，并逐渐提升追求幸福的层次。正如柏拉图所说："人生并非不要快乐，而是要学会从正确的事情中找寻快乐。"

（二）帮助社会建设可持续发展的社会契约

在宏观的社会制度层面，零和游戏中的竞争模型更多地鼓励自私，而双赢模型则更多地鼓励合作和关爱。积极心理学关注如何才能设计出有利于成员之间更多双赢关系的社会契约。

在微观的组织制度层面，员工的辛劳工作不应仅仅为了赚取赖以谋生的薪资，还需要从工作中获得尊重、自豪感、关爱和乐趣及意义。积极心理学需要回答，什么样的集体环境更有利于实现这些目标。

（三）帮助人类实现对人性更深刻的理解

人是什么？人类向何处去？这些都是关于人的可能性的基本问题。

在积极心理学看来，人性不只是一种规定性，更是一种可能性。那么，人可能成为什么？如何创造更完善、更优越的人性发展条件呢？

人性的演化受基因和社会环境的双重束缚。

生物层面的基因操纵人性的表达。基因的终极目标是最大数量地自我复制。为实现此目标，基因可以完全不顾及承载者的整体福祉。例如，一个15岁女孩由于一段浪漫关系而成为未婚妈妈，这可能破坏了她个人原来的生涯规划，但却符合基因自我复制的利益；一个想要减肥的人因难以抵抗食物的诱惑变得越来越胖，这虽然破坏了减肥计划，却有利于基因的自我复制。

文化层面的社会环境潜移默化地塑造着人性。社会环境更多地鼓励个体投身于有利于集体利益增长的事业，而不在乎个体的压力与焦虑。例如，一个在成功学文化熏陶下成长起来的年轻人，可能会为了车贷、房贷以及面子、排场等而疲于奔命。这虽然有利于经济增长，却有损个人舒适。

契克森米哈赖主张，个体应该用警惕的、审视的态度对待基因和社会环境的双重束缚，追寻更自由的人性发展路径。积极心理学关注的是，如何摆脱基因和社会环境的双重束缚，为人性发展的可能性提供更好的指引，使人性向更美好、更完善、更繁荣的境界演化。

二、积极心理学的内容体系

本书的内容体系设计力求覆盖21世纪前20年积极心理学的最新进展，包括重要的理论模型、研究发现和生活启示。此外，本书选取了有深厚理论基础和研究证据的内容。

（一）积极的自我

如何才能拥有自尊、自信的心态？你需要警惕社会比较、物质主义、完美主义对自尊的威胁，减少对他人态度的在意。你需要勾勒出未来确有可能实现的理想自我，把挑战和失败当作经验和反馈，而不是当作自我优劣的证明。你需要走出一条"为了人"而非"超越人"的自卑克服之路。你还需要重新反思自己的人生追求，如何才是值得过的有价值的一生。

（二）积极的品格

人类有哪些积极的品格优势？品格优势有何功能？如何识别和运用自身的品格优势？如何在工作、婚姻与家庭生活中识别和运用品格优势？心理学家克里斯托弗·彼得森（Christopher Peterson）等经过大规模的系统研究，归纳了六大类二十四项具体的品格优势，对人类优点的分类体系提出了最有影响力的观点。

（三）积极的认知

什么是乐观？乐观对生活有哪些影响？心理学家塞利格曼指出，乐观者对好事和坏事的解释风格与悲观者不同，可以利用不合理信念的辩驳技术使自己变得更乐观。什么是智慧？如何增进个人的智慧？德国马克斯·普朗克人类发展研究所的心理学家保罗·巴尔特斯（Paul B.Baltes）描绘了智者的特征，并提出了一些增进智慧的办法。

（四）积极的情绪

从进化角度看，消极情绪与积极情绪各有什么功能？积极情绪越多越好吗？消极情绪可以为零吗？积极情绪和消极情绪的最佳配比是多少？怎样增加积极情绪和减少消极情绪？积极情绪有哪十种类型？

（五）积极的体验

亚瑟·叔本华(Arthur Schopenhauer)认为，人的欲望得不到满足就会陷入焦虑，而欲望满足之后又会感到无聊，所以，人生就是在焦虑和无聊之间摇摆。心理学家契克森米哈赖提出了一种打破"叔本华诅咒"的新型人生体验——沉浸体验，也就是我们在有些活动中感受到的全神贯注、沉浸其中、浑然忘我的美好状态。契克森米哈赖描绘了沉浸体验的五个条件性特征和三个体验性特征，指出经常身处沉浸体验的人更可能走向心理复杂性增长之路，为我们在工作、家庭生活和休闲活动中获得沉浸体验提出了建议。

（六）积极的发展

当我们致力于修复青少年的问题时，总是收效甚微。只有转而致力于培育青少年的积极品质，才会事半功倍。心理学家理查德·勒纳（Richard Lerner）等人的一系列研究发现，积极品质的发育，就像身体肌肉的发育一样，遵循用进废退的原则。青少年只有在兼具自主性和挑战性的活动里，才会主动地使用其积极品质，这些积极品质在使用后会继续增长。成人社会可以应用这些原理，策划富含"营养"的活动，创设积极的发展环境，促进青少年的积极发展。

（七）积极的人际互动

我们为了让自己的心灵免受外界的伤害，逐渐发展出冷漠的保护壳。这层壳在保护我们免受伤害的同时，也让我们难以感受到世间的美好。心理学家弗雷德里克森等发展出的慈心冥想技术，能够帮我们褪去心灵的角质层，重新变得温润，充满关爱。

两个人相处时，最美好的一种状态是心灵的同频，这种状态被称为积极性共鸣。

当亲友遇到好事时，我们如何表现？是否表现得消极、冷漠、被动，或者充满嫉妒？当我们与他人进行人际互动时，会有不同的回应风格，积极主动的回应有益于提升爱和友谊。

工作环境会影响工作者的效率和工作者之间的协作质量。如何设计积极的工作环境，能够让身处其中的工作者不只是赚钱谋生，还能从工作中获得乐趣、自尊、自主感和效能感，以及存在的意义和价值？

我们在与他人交往的时候难免会发生人际冲突，而宽容可以让人获得内心的释然，对人际关系和身心健康产生积极的影响。罗伯特·恩莱特（Robert Enright）提出的四阶段宽容治疗过程模型可以帮助我们实现宽容。

（八）积极的疗法

因为病理心理学致力于把心理障碍患者 -10 分的精神生活修复回 0 分，所以，强调针对不同的心理问题，采用不同的心理治疗方法。而积极心理学关心的是把普通人 0 分的精神生活提升到 +10 分，所以，发展出一些可以用于提高普通人精神生活品质的心理技术，尤其是乔·卡巴金（Jon Kabat-Zinn）的正念练习技术。

（九）在挫折中成长

风过竹林，竹子摇晃。每一次摇晃过后，都有短纤维断裂，长纤维重新生长。人的心灵在挫折之后也会有类似的表现。在遭遇命运打击或挫折事件以后，有的人会精神失常，有的人会一蹶不振，有的人会逐渐复原，还有的人则会挫而弥坚。这部分内容阐释了心理韧性的原理，并提出了增强心理韧性的建议。

（十）意志的力量

有的人随波逐流，消极被动；有的人偶尔雄心壮志，但只是"三分钟热度"，这部分内容旨在帮助人摆脱上述误区，从被动的人生转向主动的人生。我们可以通过训练来提升自己的意志力，还可以通过一些巧妙的办法减少自我控制资源的损耗。心理学家们还提出了很多策略，帮助人们追寻目标和实现计划。

（十一）幸福的科学

幸福是人类生活的终极追求，但很少有人能说清楚幸福究竟是什么。沙哈尔博士提出了"幸福模型"，塞利格曼则描绘了幸福的五个要素。还有很多心理科学实验证据，为我们揭示了金钱和幸福之间的真正关系。

第三节　积极心理学的性质与意义

作为一股新兴的世界性心理学潮流，塞利格曼宣称："这一门科学不仅只是需要注入新的活力，它在很大程度上需要从科学本源对它进行重新定位。"而要实现这一点，必须要明确积极心理学的性质与意义。

一、积极心理学的性质

关于积极心理学的性质，这里将从积极心理学的心理学渊源、哲学基础以及与心理学的关系等三个方面来进行探讨。

（一）积极心理学的心理学渊源

积极心理学的心理学渊源有很多，其中，最为重要的有以下几个：

1. 人格心理学

人格心理学是积极心理学一个重要的心理学渊源，其主要代表人物是奥尔波特。奥尔波特认为，个体的动机系统为其人格的形成提供动机，而动机又与机能自主的关系密切。所谓动机的机能自主，就是指任何一个由学习获得的动机系统，只要这种动机包含的紧张与发展形成这一习得动机系统的先行紧张不是同一种紧张，则这一习得的动机就表现出机能自主。而一旦动机获得了机能自主，它就变成了自给自足的"自在体"，而不再依赖原来的紧张。正是动机的这种机能自主的特性，才使得个体的人格是动态的，塞利格曼正是从这里得到启发。

以奥尔波特的人格理论为基础，塞利格曼提出了这样一个假设：很多人存在诸如压抑等心理问题的主要原因可能是形成了"习得性无助"，即对现实有了一种无可奈何的信念，而不是他们真的无法解决这个问题。在提出了这个假设后，塞利格曼通过一系列的调查研究和实验证明了这一假设的正确性。其中，他所用的证明实验是将狗固定在架子上进行电击，狗既不能预料也不能控制这些电击。之后，他们将狗放在一个中间用矮板隔开的实验室里，只要狗跳过矮板，就能回避电击。本来一般狗很容易就能学会，但是对于实验中的狗来说，它们不但没有学会，反而甘心忍受电击，不进行任何反抗。原因就是之前那种再怎么努力也摆脱不掉的电击经历，逐渐使狗形成了一种"习得性无助"特性，即使是换了一种环境，它们能够通过自己的努力摆脱电击，但"习得性无助"的特性使它们认为自己无论怎么努力也摆脱不了厄运。

塞利格曼在提出并证明了上面的假设后，又提出了新的推论：既然无助感可以习得，那么乐观等积极品质是不是也可以习得？于是，他又进一步将自己的理论进行了修改和扩展，用"解释风格"把人格分为乐观型解释风格和悲观型解释风格。其中，乐观型解释风格的人会认为挫折和失败只是暂时的，而且是在特定的情景中由外部原因引起的；而悲观型解释风格的人会认为挫折和失败是长期的、永久的，而且自身原因是挫折和失败产生的根本原因，如此一来便很容易产生抑郁情绪，影响心理的健康发展。在 20 世纪 90 年代末，塞利格曼终于在这些观点的基础上提出了积极心理学主张。

2. 人本主义心理学

人本主义心理学也是积极心理学的一个重要心理学渊源。不过，积极心理学家一开始并不承认这种联系，还在各种场合对人本主义心理学进行批评和指责。而在当前，这一点却得到了不少心理学家的认可。比如，美国的《人本主义心理学杂志》在 2001 年就专门刊载了一个关于积极心理学和人本主义心理学关系的专辑，其中，有 6 篇文章从多个角度论述了积极心理学与人本主义心理学的渊源关系。塞利格曼本人在 2002 年出版的《积极心理学手册》一书中也认为，人本主义心理学是积极心理学的一个重要渊源。

人本主义心理学是由马斯洛和罗杰斯在 20 世纪 60 年代早期创立的，是一种具有人文倾向的心理学。它与积极心理学既有联系，又有区别。

（1）人本主义心理学与积极心理学的联系

人本主义心理学与积极心理学的联系，主要表现在以下几个方面：

第一，人本主义心理学与积极心理学的产生原因有着相似之处。马斯洛认为心理学作为一门科学，在研究人类消极方面取得的成功远大于它在人类积极方面的研究，心理学尚未达到应有的高度；而塞利格曼在构想积极心理学时，与马斯洛几乎是同出一辙，也认为心理学在人类积极心理研究方面存在着不足。

第二，人本主义心理学与积极心理学都强调研究人性的善或积极的方面。人本主义心理学的杰出代表罗杰斯不仅是一个"性善论"者，更是一个"扬善论"者。他认为，人在本性上是富有建设性的，要努力保持一种乐观的感受和自我实现的感受。只要我们用亲切与积极的态度对待现实和未来，每个人都会成为一个充满爱和期望的人。积极心理学也认为，"积极"是属于人本能的一个重要组成部分，是一颗种子，只要对它精心照料，它就能长出积极的果实。因此，积极心理学强调心理学研究要关注研究人的积极力量和积极潜力，研究人"积极"的机制。

第三，人本主义心理学与积极心理学都强调：在人的发展中，积极体验起着十分重要的作用。两者都将人的积极体验摆到了一个重要的地位，都强调积极体验在人身心发展中的重要作用。比如，马斯洛提出的"高峰体验"和"高原体验"都是积极体验。其中，高峰体验是一种短暂、强烈和不可预料的积极体验，而高原体验则是一种持续平稳的、宁静而平和的积极体验。不管是高峰体验还是高原体验，它们都与积极心理学提出的感官愉悦和心理享受基本相似。又如，罗杰斯提出的"来访者中心疗法"的本质就是要让来访者有一种好的体验——被接受、被理解、被喜欢和被尊重的体验。后来，罗杰斯把"来访者中心疗法"进一步发展成为"以人为中心疗法"。在这个时候，以人为中心疗法其实已不仅仅是一种心理疗法，而开始成为一种人生哲学和生活哲学了。罗杰斯的这一观点也与积极心理学关于增强人的积极体验是一个人实现生活幸福的重要途径相类似，只不过罗杰斯是从存在主义的观点出发，更多的是采用了现象学分析的方法，而积极心理学则是从实证的途径出发，更多地采用了实验和调查研究的方法。

第四，人本主义心理学与积极心理学都注重心理治疗，而且在这一方面有很多共同之处。比如，积极心理治疗认为，治疗并非首先以消除病人身上现有的紊乱为准，而是首先在于努力发动每个患者身上所存在的种种能力和自助潜力。积极心理治疗的这种观点和人本主义"当事人中心"或"来访者中心"的心理治疗观如出一辙，都强调治疗者要对当事人提供无条件的尊重和真正的关怀，要对当事人有同情性的理解和移情。

（2）人本主义心理学与积极心理学的区别

人本主义心理学虽然与积极心理学存在不少的联系，但两者之间的区别也是不容忽视的。具体来说，人本主义心理学与积极心理学的区别主要表现在以下两个方面：

第一，人本主义心理学与积极心理学在对待主流心理学的态度上存在着重大区别。人本主义心理学是以反行为主义的姿态登上心理学舞台的，但它在反行为主义的道路上却走过了头，以致使自己成为一种反一切实证主义倾向的心理学，使自己走到了所有实证主义倾向心理学——而不仅仅是行为主义心理学的对立面。事实上，不管是20世纪60年代，还是21世纪的今天，实证主义倾向的心理学一直是心理学发展的主流。而积极心理学在这方面和人本主义心理学完全不同，它表现出了很大的超越性。积极心理学从产生之初就公开否认自己是一次心理学革命，它一直自称是对第二次世界大战以来传统主流心理学的补充，最多说是一种发展。而且，积极心理学在发展的过程中，从不攻击整个传统主流心理学，甚至还在各种场合多次指出传统主流心理学的贡献，它只是用一种不太响亮的声音指出传统主流心理学的不足——忽视了培养人的积极方面，偏离了心理学的平衡观。如此一来，主流心理学便接受了积极心理学，而且有一大批主流心理学家争相投身于它的怀抱，极大地促进了积极心理学的发展。

第二，人本主义心理学与积极心理学在研究方法上存在较大的差异。人本主义心理学在开展研究时，将主题松散的、激进的、抽象的人性"存在"完全与现象学方法结合了起来，把现象学方法作为自己唯一的方法论。不可否认，现象学方法有它的合理之处，但它总是太抽象、太过于描述化、太过于主观化，它对个案研究也许有着重要的作用，但对普遍规律的证明有时就显得力不从心。人本主义心理学的这种反对量化研究的思想，使人们对它主题的普遍适用性产生了怀疑，因为人们无法用客观的方法来证明它，自然对人本主义心理学的科学性也就不会苟同。而积极心理学在开展研究工作时，注重在方法上兼容并蓄。它几乎接受了主流心理学的一切研究方法，把主流心理学发展而来的操作性定义、评估方法、结构方程模型、实验方法、干预手段和结果检验等，全盘继承了下来。

3. 二十世纪五六十年代西方的心理健康运动

在二十世纪五六十年代，西方开始出现心理健康运动，其中，影响较大的是初级预防和增进幸福这两个心理健康运动。

初级预防和增进幸福这两个心理学运动始于 20 世纪 50 年代末的美国，参与这两个运动的心理学家已经注意到积极和心理健康的作用，以及心理学过分注重病态行为研究等问题。比如，艾沃特（Ewalt）在《积极心理健康的当代理解》这本书的前言中写道："行为主义科学家们已经加入心理健康运动的行列并正在为这一运动的发展做出重要的贡献，他们对心理学过分关注人类的'病态行为'感到不满。他们认为假如我们把兴趣放在心理健康方面，我们就会有一个新的更宽阔的视野。心理的健康方面作为一种积极力量，它正在被我们理解的同时也在积极发挥着实际的作用。"艾沃特提出的心理健康的观点与积极心理学的观点一脉相承。贾霍达（Jahoda）则在《积极心理健康的当代理解》这本书中第一次在心理学界提出了"积极"的概念，而这个概念也是积极心理学的核心概念。从这些看来，二十世纪五六十年代的西方心理健康运动对积极心理学的产生有着很大的影响。

（二）积极心理学的哲学基础

积极心理学的哲学思想根源比较复杂，总体来说，它的哲学基础主要有以下两个：

1. 东方哲学文化

东方哲学文化是世界文化的一个组成部分，其虽然与西方文化有较大的差异，但在许多方面却对积极心理学产生了重大影响。因此，东方哲学文化是积极心理学产生的一个重要哲学基础，这主要表现在两个方面。

（1）成为积极心理学基本观点的主要理论来源

东方哲学文化经常出现一些诸如感觉、体验、幸福、欲望等心理学概念，这使得东方哲学文化可以成为积极心理学基本观点的理论来源。比如，东方哲学文化在论述关于苦难的理解时，认为世俗世界的一切在本性上都是苦难的，它来源于会使我们产生长期的或者即时的不愉快情绪体验的事件，诸如人生的不幸、孤独、焦虑、饥饿等。但是，这种苦难并不是永久的，它可以随时发生变化，幸福终究会降临。这种思想给积极心理学带来了一些启示：苦难、不幸等负面的情绪不是长久的存在，而幸福、积极的正面情绪才是人们生活的重要方面。又如，东方哲学文化在论述关于人内心欲望的观点时，认为人的欲望会使人总是处于苦难的境地，并使人变得脆弱。这种欲望分为想获得的欲望和想逃避的欲望，诸如食物、友谊或痛苦、烦恼、伤心等。从这里可以看出，东方哲学文化把人的苦难的原因引向人自身，即是由于人内心深处的欲望造成的。从这一点引申开来，人幸福与否也是与人的内心紧密相关的，而与外界条件没有多大关系。这个观点对积极心理学也有很大影响：事件是客观的，但是对它的体验却是我们可以把握的，我们可以用积极的态度去对待生活中的任何事件，那么我们也就能得到内心的安宁与幸福。

（2）在方法论上对积极心理学产生了一定影响

东方哲学文化认为，要消除人类的苦难，达到修行的最高境界，必须要进行涅槃。涅槃的思想核心是改变我们的生活状态，主要是改变我们自己的内心欲望，并以此来摆脱我们的苦难而达到无苦境界。从积极心理学的角度看，幸福感是积极心理学的重要概念，而东方哲学文化中找到了一个获得幸福感的方法，即改变我们生活中超出实际需要的欲望。要达到这一境界，可以借助以下几个途径：

第一，对事物或事件要正确地理解。

第二，要有正确的思想。

第三，要有正确的表达方式。

第四，要强化正确的行为。

第五，要正确地谋生。

第六，要正确地努力。

第七，要小心谨慎地多反省。

第八，要经常沉思冥想。

东方哲学文化的这一观点，被许多心理学家采用。例如，本森在《你的极限心理》一书中论述到人的身体幸福与心理幸福之间的关系时，就多次引用了关于涅槃的八条途径的内容；西卡森特米哈伊在他有关积极心理学的著作中，也多次引用涅槃观点来说明心理状态等。

2. 社会建构主义

（1）社会建构主义的内涵

社会建构主义是以建构主义为基础发展起来的，建构主义是一种很重要的哲学思潮，它最早产生于知识社会学，早期主要代表了一种知识观和认识论，是一个松散、驳杂的思想体系。随着对建构主义研究的深入，人们对建构主义的核心进行了界定，即"人类不是'发现'了这个世界，而是通过引入一个结构（或借助语言媒介）而在某种意义上'创造'了它"，从此，建构主义开始成为一种哲学观和方法论。建构主义和心理学也有很密切的关系，德国心理学家辛格曾经提出，人的生活都是个人或集体的功能性编构所致，"你的心理不纯粹是你特有的，它也是一种同化和建构的结果"。而巴特莱特认为：人的记忆过程其实是一个建构和重构的过程等。

关于社会建构主义，1999 年剑桥大学出版社出版的哲学辞典对其进行了明确界定："社会建构主义，它虽有不同的形式，但一个共性的观点是：某些领域的知识（这里的知识是指广义的知识，相当于我们平常所说的意义）是我们的社会实践和社会制度的产物，或者相关的社会群体互动和协商的结果。温和的社会建构主义观点坚持社会要素形成了世界的解释。激进的社会建构主义则认为，世界或者它的某些重要部分，在某种程度上是理论、实践和制度的建构。"从这个定义可以看出，社会建构主义认为意义（这里的意义是指在主客二元世界里与物质世界对应的心理的、语词的、知识的世界，它主要是对世界的一种表征）是来自社会共同体的主动建构，而意义的生成过程又与人本身的内在特点、外在条件以及一定的时空场域等因素具有密切的联系。

（2）社会建构主义对积极心理学的影响

社会建构主义对积极心理学的影响，主要表现在以下两个方面：

第一，积极心理学与社会建构主义一样，也强调意义的重要性。人类的"积极"与"消极"的意义特征并不是一种本能基础上的天生必然，而是在一定程度上的一种建构。现代心理学过于注重病理性心理学的研究，而忽视了人类积极力量的研究。在积极心理学看来，意义寻求是人类的一种基本需要，反映了人类渴求秩序、交往、快乐和希望等本能。因此，积极心理学更关注人的积极力量和潜力的研究，因为这些才是人类生活意义的真正所在。而心理学只有以这样的主题为价值核心，才能真正实现其价值的平衡。

第二，社会建构主义与积极心理学都强调意义的实现需要主体积极主动地寻求。每个人都是一个自我组织的人，从个体本身来说，个体的活动从本质上说是为了适应周围环境的一种自我表达方式。在面对生活中的一些挑战时，积极心理学要求用积极的行为来应对面临的问题、用积极的情感构建应对的模式、用主动建构的方式描述世界。

（三）积极心理学与心理学的关系

心理学自产生以来，主要存在以下两种发展态势：一种是革命性的发展，另一种是非革命性的发展。所谓革命性的发展，是指新出现的心理学对原有一切基本持否定态度，它在具体的研究对象、内容和方法上，尤其在研究范式上以一种全新的面貌出现，使心理学在宏观上有一种大变革，带来跨越式发展。

当积极心理学诞生后，有很多人认为这是一次心理学历史上的革命性发展，不过也有很多人反对这种观点。要对这个问题进行探讨，首先要分析一下心理学历史上的革命性发展。总体来说，心理学历史上大的革命性发展主要有四次，具体如下：

第一，科学心理学革命，它使得心理学从哲学中分离出来，并成为一门独立的学科，是现代科学心理学的开端。

第二，行为主义心理学革命，它曾在世界范围内引起一场重大的行为变革，并在教育、社会改造、动物驯养等多个方面都产生了重要影响。

第三，人本主义心理学革命，它在迅速成为一种世界潮流的同时，还波及心理学以外的其他领域，号称"心理学的第三势力"。

第四，认知心理学革命，广义的认知心理学是指所有以认识过程为研究对象的心理学理论流派；狭义的认知心理学是指信息加工认知心理学，信息加工认知心理学和人本主义心理学是当代反对行为主义心理学和精神分析心理学的两支主要力量。

从以上的分析可以看出，心理学的革命性发展需要很多条件。如果积极心理学是一次革命性发展，那么它在研究目的、研究方法、研究对象和内容上都应该与传统的心理学有很大的不同。事实上，积极心理学与传统心理学存在着很多的共同之处，具体表现在下述三方面：

第一，积极心理学与传统心理学有着相同的研究目的。两者都是为了治疗人的心理疾病，使每个人的生活更有活力和更圆满，从社会人群中区分出天才并使这些天才得到尽可能好的发展。从直接目的看，积极心理学主要是反对过去心理学那种热衷于研究人的病理性特征，倡导人类应该充分发挥自己的积极力量和积极潜力，寻找到一种使普通人生活更幸福、更圆满和更有意义的规律，而这个目的是与传统心理学的目的一脉相承的。从总体看来，积极心理学的研究目的并没有超出传统心理学的范围。

第二，积极心理学与传统心理学有着相同的研究方法。积极心理学仍然沿用传统心理学的一些研究方法，如调查研究法、比较法、实验法等，心理学目前已经有比较完善和有效的实验方法与测量手段。正如塞利格曼所说的那样："积极心理科学的形成并不是一件很困难的事情，因为病理性心理科学已经为我们做了许多方法论方面的工作。我们可以通过使用病理性心理科学创造的那些操作性定义、评估方法、结构方程模型、实验方法、干预手段和结果检验等，从而获取积极心理学研究的进步。"从这个方面来看，积极心理学在研究方法上并没有很大的突破。

第三，积极心理学的研究对象和研究内容并不是新出现的，传统心理学研究中已有涉及。积极心理学主要是研究人的积极品质、积极力量和积极潜力等。总体来说，是有关人的情感、人格和社会环境方面的研究。这些在心理学领域并不是新出现的内容，在第二次世界大战后的主流心理学研究中都有所涉及。不同的是，积极心理学更多地是关注积极方面的内容，而传统心理学大多是从人的消极方面入手。比如在人的情感方面，传统心理学主要研究人的消极情感，并帮助人们摆脱这些消极情感；而积极心理学主要研究人的积极情感，并帮助人们提高产生和培育这种积极情感的能力。总体来看，积极心理学的研究对象和内容只是与传统心理学的侧重点不同，并没有扩展到一个崭新的领域。

积极心理学与传统心理学相比较，其本身的研究目的、研究方法、研究对象和内容等能够与原有的心理学相包容，甚至是以原有理论为基础，因此，二者的研究范式并没有根本区别，只涉及心理学在微观上的变革。此外，积极心理学的产生并没有对原有的心理学产生威胁；相反，它通过对研究对象和内容的进一步完善与改进，助长和延长了原有理论的生命力。因此，积极心理学并不是心理学历史上的一次革命性变革，而是一次非革命性变革，它使原来具有片面倾向的心理学变得更加全面、合理和平衡，是对当代心理学发展的一种补充。

二、积极心理学的意义

积极心理学兴起的时间虽然不长，但却取得了不小的成就，深刻影响了人们的生活以及心理学的发展等。因此，积极心理学的兴起与发展有着十分重要的意义，具体表现在以下三大方面：

（一）对心理学发展的意义

积极心理学是响应时代感召的一个心理学思潮，在一定意义上体现了当代心理学研究的核心价值。尽管当前积极心理学还存在一些局限和不足，但它对心理学发展的促进意义是十分显著的。具体而言，积极心理学对心理学发展的促进意义主要有以下两个：

1. 实现了心理学本体价值的回归

从科学心理学的建立到如今，心理学得到了长足的发展，取得了令人瞩目的成就，但是也出现了一些偏颇。在本质上，心理学旨在为全人类服务，而现在心理学已经逐渐沦落到只为少数人服务的科学，心理学家总是热衷研究少数人的病理性心理，而忽略了怎样帮助大多数普通人过得更加幸福、快乐和有意义。客观来说，病理性心理学是人类的一大宝贵财富，它在过去曾对改善人类的生活，促进社会的进步起过重要的作用。不仅如此，病理性心理学今后仍将继续在人类进步和社会发展中扮演重要的角色。人类需要研究各种社会和心理问题，需要弄清楚这些问题的病因，需要掌握解决或摆脱各种问题的方法和手段。但生活不是一种苦难和创伤的记忆，心理学不能仅仅盯住人类的各种问题和不幸，医治问题和不幸不应成为心理学的唯一任务，心理学还应该为人类的幸福和健康作出自己的贡献，还应该为正常人过上有爱的生活提供技术支持。心理学不仅要讲述积极的智慧，还要以积极待人、创造积极的精神，提供积极的机会，肯定积极的价值，使它的服务对象在感受积极的过程中，学会创造积极、给予积极，并最终获得一种实实在在的积极力量。因此，心理学只有包含了积极，它才是一种完整的科学，才是一种有生命力和战斗力的科学。

从这一角度来说，积极心理学的出现是对心理学本体价值的回归，它充分体现了以人为本的思想，提倡积极人性论；它消解了以往心理学过于偏重问题的片面性,真正恢复了心理学本有的功能和使命——使所有人的潜力得到了充分发挥,使所有人生活幸福,这使心理学回归了它应有的存在价值。这种恢复过程在心理学上的意义是使被遗忘了的某些心理学知识得到了重新确认,存在于人性中的消极与积极的力量得到了某种程度上的平衡。

2. 完善了现代心理学的功能

积极心理学的兴起在一定程度上完善了现代心理学的功能,这主要表现在以下两方面:

第一,评估和测量是心理学最重要的功能之一,而积极心理学的兴起使得心理学的评估和测量更加准确和有现实意义。比如,在以往的心理评估和测量中,往往是检测人病理方面或者消极的心理状况,这样的心理评估和测量比较片面、缺乏实用性;而积极心理学加入了有关积极的评估和测量标准,使我们对一个人的评价更加全面和科学。

第二,积极心理学为现代心理学找到了一条有效的行为干预途径。在以往的心理学干预中,人们往往是对种种心理问题进行干预,找到解决问题的办法。但这并不是一个有效的途径,去掉问题的人并不一定是一个健康的人,也并不一定是一个得到发展的人。而积极心理学认为,针对问题找出解决的办法并不是克服问题的唯一途径,还可以通过增强人的积极力量和积极品质来克服问题。为此,积极心理学大力倡导积极心理治疗,即通过增强人的积极力量或积极品质来干预人心理或行为问题。具体来说,积极心理治疗致力于人自身固有的积极力量,提倡用积极的心态来对个体的心理问题或行为问题作出新的解读,并在此基础上通过激发个体自身的内在积极潜力和优秀品质来使个体成为一个健康人,它的核心是让病人自己通过累积或发展自己已有的积极力量或积极品质来摆脱各种问题。因此,与其他模式的心理治疗相比,积极心理治疗就体现出较好的人性意义,其在实践中表现出良好的效果。从这点看来,积极心理学为现代心理学的行为干预途径进行了有效补充和完善。

(二)对社会发展的意义

积极心理学的发展,能够在一定程度上引导社会向着更加合理、有效的方向发展。具体来说,积极心理学对社会发展的意义主要有以下两个:

1. 树立了新的社会发展目标

积极心理学倡导建立积极的组织系统，其中就包括积极的社会发展。积极心理学要求建立积极的社会发展目标，即全社会都要以人的生活幸福为追求目标，社会的终极目标是让所有人都过上幸福的生活，并让一切生命更有价值。

全体人的生活幸福是积极心理学在社会发展中提出的目标，与传统的社会发展目标不同的是，这个目标是以人的幸福生活为中心，又可以扩展到其他领域。人的幸福生活不仅包括物质方面的满足，还包括精神、心理方面的满足。也就是说，社会发展的目标不仅要让民众感到物质方面的富足，更要有心理上的满足，从而达到一种完全生理、心理和社会意义上的幸福状态。

2. 开辟了新的社会发展道路

通常来说，不同国家、不同民族、不同社会发展阶段会有不同的社会发展道路。积极心理学所倡导的新的社会发展道路以积极作为自己建构的出发点，它超出现实的社会问题，而把有关健康、幸福、关心、公正、移情、考虑他人权利等作为社会变化的诱导，从而使整个社会更加有效、公正、人道。

积极心理学所倡导的社会发展道路应该以丰富的物质财富为基础，没有坚实的物质基础，任何发展都是虚无的。同时，这种社会发展道路应该是偏向弱者的，使那些社会弱势群体能够得到保护，进而在整体上提升整个社会的幸福感。此外，这种社会发展道路应该特别注重民众的心理健康，弱化民众在金钱和物质方面的竞争，使得社会发展沿着物质财富和民众生活质量共同提升的道路前进。

（三）对个体发展的意义

积极心理学除了能促进心理学和社会的发展，对于个体的发展也有一定的促进作用，具体表现在以下三大方面：

1. 帮助个体寻找问题的积极意义

对于每一个个体来说，其在生活、工作、学习中都会遇上各种问题，而用什么样的态度和角度对问题作出解释，会影响个体对人生、价值的看法。积极心理学要求对个体的问题作出积极的解释，并使个体能从中获得积极的意义。对问题有着积极看法的个体能够很快从无助中恢复过来，然后继续前进；而对问题有着消极看法的个体很容易陷入无助的情境，进而失去生活的意义。这样的区别对于一个人的生活来说是相当重要的，它往往可以决定一个人事业、生活的成功以及身体健康的程度。

积极心理学倡导个体应该用一种乐观、积极的态度看待事情和问题，这样才能增强人们对生活的满意度，有助于人的身心健康。

2. 帮助个体形成积极的人格

积极心理学认为，个体能否形成积极的人格，也会对其发展产生重要的影响。对于个体来说，只有形成积极的人格，人所固有的积极力量才能得到培育和增长，人性的消极方面才能被消除或者抑制，生活才会更加幸福。

需要特别明确的一点是，积极心理学所提出的积极人格实际上是积极心理学想培养什么样的人的一个标准。与传统心理学"问题人格"相对应，它所代表的是人性中美好的品德，比如智慧、勇气、仁爱、公正、节制、卓越等，从某种意义上看，这些也是人格心理学的组成部分。从这里我们可以看出，积极心理学所倡导的积极人格是人类所追求的、积极向上的力量，而这些美好的品质也会使个体生活更加幸福、美满和有价值。

3. 引导个体积极地面对过去

不同的人，其生活满意基准线也会有所不同。同时，个体的生活满意基准线会随着个体的生活体验而发生一定的改变。此外，人过去的生活经历会对其现在和将来产生重要的影响，而这主要是通过其对生活满意基准线的影响来实现的。那么，人过去的生活是如何影响生活满意点的呢？首先，生活事件本身的性质并不直接影响我们的生活满意点，即消极事件并不直接降低我们的生活满意点，反之亦然。依据相关研究，利用核磁共振成像设备对正在看电影的人的大脑进行扫描发现，所有观看电影的人的大脑生理活动有很大的相似性。也就是说，人类可能是在用相同的生理反应来应对这个世界。其次，人们的主观体验之所以不同，主要是因为其受到个人过去的生活经验和当时所处心境的影响，这两个方面都是主观的，是主体选择的结果。只有当某一生活事件被我们的大脑加工时，伴随着加工过程我们会产生相应的情绪体验，这一情绪体验才会影响到我们的生活满意点。最后，因为人的情绪体验具有主观性，所以，我们可以用自己的方式来感受外在事件，既可以用积极的态度，也可以用消极的态度。当然，这一过程要排除那些极端的，并且是极度与我们本身相关联的事件，如得重病、失恋等，这些事件被认为可以不经过大脑有意识的加工，就直接影响到我们的生活满意点。因为这些事件直接关系到我们的生存，几乎是自动地使人产生相应的情绪。

通过上面的分析可以知道，当我们选择用积极的态度去对待我们经历过的一切时，就能相应地产生积极的情绪体验，这种积极的情绪体验将逐渐成为我们生活满意基准线的一部分；而它被整合到我们的生活满意基准线之后，反过来就会使我们更满意地对待现在和将来的生活。

第二章　大学生心理健康教育概述

第一节　心理健康与大学生心理健康教育

一、心理健康概述

心理健康主要是相对于生理健康而言的。《心理学百科全书》中有关"心理健康"的解释是，心理健康也叫心理卫生，其含义主要包括两个方面：一是指心理健康的状态，即没有心理疾病，心理功能良好，能以正常稳定的心理状态和积极有效的心理活动，面对现实的、发展变化着的自然环境、社会环境和自身内在的心理环境，具有良好的调控能力、适应能力，保持切实有效的功能状态；二是指维护心理的健康状态，即有目的、有意识、积极自觉地按照个体不同年龄阶段身心发展的规律和特点，遵循相应的原则，有针对性地采取各种有效的方法和措施，营造良好的家庭环境、学校环境和社会环境，通过各种形式的宣传、教育和训练，达到预防心理疾病的目的，提高心理素质，维护和促进心理活动的这种良好的功能状态。

实际上，现代社会对心理健康的标准还没有一个公认的尺度，而且对它的评价还受到种族、社会、文化、信仰等因素的影响。古希腊哲学家苏格拉底认为，正常状态与人的自我认识有关，即没有一个完全正常的人，因自我认识永远不能完备，人格永远是在发展之中。而且，生活中的挫折本无休止，心理无时不在寻找着某种平衡。

对此，第三届国际心理卫生大会对心理健康的定义为："所谓心理健康是指在身体、智能以及情感上与他人的心理健康不相矛盾的范围内，将个人心境发展成最佳状态。"

世界卫生组织明确规定："健康不仅是身体没有疾病，还应当重视心理健康，只有身心健康，体魄健全，才是完整的健康。"

心理健康是一种持续的心理情况，当事者在一定情况下能进行良好的适应，具有生命的活力，而且能充分发展其身心的潜能，这才是一种积极的、丰富的情况，而不仅仅是免于心理疾病。

当今，"健康就是无病"的传统观点逐渐被抛弃。现在，人们倾向于接受这样一些观点：

第一，心理健康是一种相对的、持续的且积极发展的动态心理状态，并非指"十全十美"。

第二，心理健康是指较长一段时间内持续的心理状态，异常心理或行为偶尔出现以及轻微情绪失调，如能恢复正常，则不能认为是一个人心理不健康。

第三，心理健康可以用一系列具体标准来描述，但这种描述通常是一种全面的理想要求，不一定全部做到。

第四，对心理健康的理解渐趋于多元模式，造成心理不健康的因素并不是单一的，而是生物、心理和社会多因素共同作用的结果。

因此，心理健康可以从广义和狭义两个方面进行理解。从广义上讲，心理健康指一种高效而满意的、持续的心理状态；从狭义上讲，心理健康指人的基本心理活动的过程内容完整、协调一致，即认识、情感、意志、行为、人格完整和协调，能适应社会，与社会保持同步。这样，心理健康就寻求到了一种平衡，从而达到了心理上的完美。

二、大学生心理健康的标准

大学生是社会中较为特殊的一个群体，学者对大学生心理健康标准的界定没有一个最终的定论。结合我国大学生群体的生理、心理特点以及社会对其角色的特定要求等实际情况，通常采用以下七条标准评判大学生的心理健康：

（一）能保持对学习有较浓厚的兴趣和求知欲

一般来讲，学生的主要任务就是学习。心理健康的大学生对学习应有正确的态度，求知欲强，有浓厚的学习兴趣，有较高的学习效率，能够自觉克服学习中遇到的各种困难，并从学习中体验到快乐与满足。

（二）能保持正确的自我意识，接纳自我

正确的自我意识是大学生心理健康的重要条件，能正确了解自己、接纳自己，做到自尊、自强、自爱、自制，摆正自己的位置，勇敢面对挫折和困难，正视现实，积极进取。根据自己的个性特点和能力状况设置合理的人生目标，做一个接纳自我、发展自我的人。

（三）能协调与控制情绪，保持良好的心境

情绪，是人们各种感觉、思想和行为的一种综合心理，是对外界刺激所产生的心理反应。每个人都有丰富的情绪体验，大学生也是如此。一个心理健康的大学生，在多数情况下都应保持情绪的稳定和良好的心境，应富有朝气和活力，对生活充满希望，对未来充满憧憬；善于调控自己的情绪，既克制又合理地宣泄自己的情绪，情绪的表达既符合社会的要求又符合自身的需要；在困难和挫折面前，能保持积极、乐观的心态等。

（四）能保持完整统一的人格品质

人格品质完整是指个体的所想、所说、所做都是协调统一的，人格结构的各要素，即气质、能力、性格、理想、信念等方面能平衡发展，使其保持整体统一，具有积极的人生态度与价值观。

（五）能保持和谐的人际关系，乐于交往

和谐的人际关系是心理健康十分重要的条件。大学生要乐于与人交往。交往动机端正，不卑不亢，关心和帮助他人，交往中保持完整独立的人格；能够客观公正地评价别人，评判事件；取人之长，补己之短。

（六）能保持良好的环境适应能力

心理健康的大学生对周围的事物和环境有正确的认识与评价，能够正确地认识和正视现实，善于将自己融入不同的环境，积极地适应环境，积极投身生活，善于在生活中感受到乐趣。当发现自己的需要、愿望和社会发生矛盾时，能迅速进行自我调节，力求与社会环境协调一致。

（七）心理行为符合年龄特征

人类的生命有着不同的发展阶段，且都有着相对应的心理行为表现。大学生的思维敏捷、精力充沛，在行为上表现为勤学好问、积极探索、勇于挑战。如果整天萎靡不振、喜怒无常，那么可能出现了心理问题。

三、大学生的心理健康教育

（一）加强大学生心理健康教育的方法

加强大学生心理健康教育是高等教育的内在要求。当前，社会、学校和家庭都认识到了大学生心理健康教育的重要性，尤其是高等职业技术院校，也从其自身特点出发对学生进行心理健康教育。加强大学生心理健康教育的方法有多种，从目前各高校的做法看，主要有以下五种：

1. 积极优化校园环境，创造良好的心理社会环境

心理学家研究发现，环境对人的心理影响很大。因此，营造文明健康的校园文化氛围成为培养大学生心理健康的重要内容之一。学校应通过心理健康案例分析、心理科普宣传等方式，普及心理健康知识、传播心理健康理念，教会学生关注自身心理健康，积极预防心理问题的产生。社会各界应利用各种传播媒介促进大学生心理健康知识的普及，进而提高大学生心理健康水平。

2. 开设心理健康教育课，定期举办相关讲座

大学生心理健康教育的最终目标是培养大学生良好的心理素质，心理素质的提高离不开对心理学知识的了解，学校应开设心理健康教育课，让学生系统地学习心理健康知识。另外，学校定期举办相关讲座也是十分必要的，这对于普及心理健康知识，提高大学生对心理健康教育的认识具有重要意义。

3. 设立心理教育和咨询机构，积极开展学校心理咨询服务

通过开展心理咨询服务，防治大学生心理疾病，增强大学生心理健康。高校的心理咨询工作主要以预防为主，采取灵活多样的形式，如个体咨询、电话网络咨询、团体咨询、挫折考验训练等帮助学生解除心理困惑；建立大学生心理档案，进行跟踪了解。

4. 将心理健康教育与德、智、体、美、劳的教育紧密结合起来

从心理学角度入手，运用心理的手段消除学生的心理障碍，辅之以其他方面教育的引导，使大学生克服不健康的心理和偏激的观点，进而取得最佳的整体效应，实现全面发展。

5. 鼓励大学生建立心理健康教育社团

大学生组建自己的心理社团，可以说是实施大学生心理健康教育较为有效的方式之一。通过大学生的自发组织，可以强化其自我教育意识，使追求心理健康成为一种自觉行为。例如，广东某职业技术学院的一些学生就成立了一个心理健康协会，并将该协会发展成该学院最大的学生社团，每一位会员都会为传播大学生心理健康知识贡献出自己的力量。

（二）加强大学生心理健康教育的意义

心理健康的特殊性决定了心理健康教育的重要性，因而加强大学生心理健康教育有其内在的重要意义。

1. 心理健康教育可以起到保证身体健康的作用

人的心理健康和身体健康是相互依存、密不可分的。生理健康是心理健康的基础，心理健康反过来又能促进生理健康。大学生都有这样的体验：当身体患有疾病时，会情绪低落、焦躁易怒；而当面临压力时，会头痛失眠、食欲不振。因此，加强对大学生的心理健康教育，有助于达成大学生心理健康和身体健康的和谐。

2. 心理健康教育可以预防精神疾病的发生，提高心理素质

大学生是民族的希望。大学生的身心健康状况不仅影响自己、家庭、学校，更重要的是关系到我国现代化事业的兴衰成败。在高校开展心理健康教育，既可以预防心理问题的发生，又可以使暴露出来的某些心理健康问题被及时地解决在

萌芽状态，这对大学生的健康成长无疑会起到积极的作用。

3. 心理健康教育是塑造大学生良好个性和优良思想品德的先决条件

性格健康是心理健康的必备条件。一个人的性格具体地标志着一个人的品德和世界观，即人的性格特征和人的思想品质是紧密地联系在一起的，没有健康的性格就谈不上优良思想品德的形成。也就是说，培养健康的性格和优良的思想品德是同一教育过程中的两个不同的侧面。可见，心理健康教育对大学生个性的形成及思想和品德的训练均起到积极的促进作用。

4. 心理健康教育是促进大学生智力发展，提高心理素质的基础

在日常学习过程中，若一个大学生朝气蓬勃、心情愉快，就会调动其智力活动的积极性，易于在大脑皮层形成优势兴奋中心，形成新的暂时神经联系和使旧有的暂时神经联系复活，进而促进智力的发展。反之，若是在烦恼、焦躁、担心、忧虑、惧怕等情绪状态下学习，则会压抑智力活动的积极性和主动性，使感知、记忆、思维、想象等认知机能受到压抑和阻碍。

5. 心理健康教育对于建设社会主义精神文明有着重要的意义

心理健康教育不仅对个体有意义，而且对群体也有不可忽视的作用。加强大学生心理健康教育有助于帮助大学生克服消极心理状态，缓解人际冲突，改善交往环境；有助于其塑造良好的形象，发展健全的品格，提高大学生的道德水平；还有助于提高大学生的积极性和创造力，从而有助于更好地投身社会主义现代化建设。可见，心理健康教育是社会主义精神文明建设的重要组成部分。

第二节　大学生的心理问题及应对策略

一、大学生常见的心理问题

大学生处于青年期，其心理发展水平正处在迅速走向成熟而尚未完全成熟的过渡阶段。他们一般还保留着少年时期的心理特征，诸如独立性不够，对家长有较强的依赖心理；对社会了解有限，过于理想化；对自我认识不清而难以自我定位；遇到生活环境的变化、交际圈的更新、学习内容和方式的改变时，往往出现一系列冲突，这些冲突如果得不到及时调整，则可能引发一些心理问题。大学生中最常见的心理问题来自以下八个方面：

（一）入学适应问题

大学新生入学以后，离开原先所熟悉的环境，来到一个陌生的校园，新的生活环境、生活方式、学习内容、人际交往形式等都与之前的学习阶段有很大不同。在这种情况下，一些大学生会产生强烈的内心冲突，若不能从心理上很好地适应，则会表现出不安、情绪紧张等心理问题。个别独立性差、自理能力缺乏的学生，心理反应会更加明显。

（二）人际交往问题

大学的人际交往更为复杂，独立性更强，更具有社会性。大学生需要尝试这种人际交往，并学会建立良好的人际关系。然而，一些大学生社会适应能力较差，缺乏妥善处理人际关系的基本能力，在人际交往中总感到不适应、不自然，表现为或十分被动，或无所适从。个别大学生习惯以自我为中心，不考虑别人的感受，对生活、学习行为和方式不愿因集体的需要而有所改变；有的在人际交往中表现为功利性过强，总想在群体中获取点利益、得到点好处；有的对他人的一些个性行为"看不惯"，不愿与其交往，彼此发生矛盾，很容易导致冲突、引发事端；还有的整日沉溺于网络虚拟世界，宁愿每天面对电脑，也不想与人打交道。

（三）学习问题

对于大学新生而言，学习不适应的现象较为普遍。大学的学习与高等教育前的学习有很大不同，教学内容由少而浅变为多而深，学习方法由监督学习变为自主学习，授课方式由多讲解到少讲解多讨论。面对这种种变化，有些学生感到无所适从，方法不对且动力不足，学习目标迷失。于是，不知为何而学成为普遍现象，这些都可能导致他们的学习成绩严重下滑，对学习上的挫折不能很好地去面对，最终也就容易产生心理健康问题。

（四）情感问题

大学生正处于青年期的中期，生理趋于成熟，心智有了一定的发展，对情感生活有所向往和追求。如果处理不好，他们就容易受到极大伤害，从而造成心理失调、萎靡不振，甚至精神崩溃，在短时期内会出现一些极端行为。

（五）自我意识问题

进入大学，学生们会认为自己已经长大了，他们注重自我探索，希望了解自己是一个什么样的人，毕业后想做什么、能做什么等，这种思索就是自我意识。在大学，每个学生都希望能尽快掌握一技之长，以适应社会。由于大学生还是以学习间接经验为主，所处的环境还是理想色彩较浓的校园，他们缺乏实践，阅历较浅，他们现实所具备的能力与他们期待的水平有一定的差距，这样就会产生多种冲突。

（六）压力问题

现在大学生就业竞争越来越激烈，部分学生从大一就开始思考自己未来的发展问题，这使大学生的学习压力越来越大。在面临压力的时候，有的学生不懂得如何求助和减压，反而用一些增加压力的方式来解决问题，这样反而使他们的压力越来越大。

（七）情绪障碍问题

一个人如果长期处于消极或激烈的情绪状态下，如烦恼、冷漠、焦虑、抑郁、暴躁等，就会造成情绪障碍。在这种情况下，正常的心理和生理活动都会受到影响，出现很多异常的心理和行为，若不及时采取各种调节措施，可能会导致严重后果。

（八）职业生涯规划与就业问题

社会的发展和就业压力增大，使所有面临毕业的大学生都要接受社会的选择。就业岗位要求和标准日益提高，相当数量的大学生缺乏足够且必要的就业心理准备。有的学生缺少必要的职业生涯规划，在学校学习过程中缺少目标、没有方向、感觉迷茫，甚至未毕业时就出现了严重的就业心理压力，表现为无法有序地进行大学后期的学习，整日忧心忡忡、情绪低落，出现严重的心理焦虑和身体不适，甚至心理障碍，心理承受能力越发脆弱。如不及时排解与调适，往往会发生心理崩溃，导致消极、负面的后果。

二、大学生心理问题产生的原因

（一）社会大环境的影响

社会大环境是导致大学生出现心理问题的首要原因。当前社会经济制度发生巨大变革，也给大学生带来巨大的心理压力。对大学生来说，社会、家庭寄予了他们很高的期望，这种高期望给他们带来的压力也是巨大的。

（二）家庭、学校环境的影响

目前，我们的家庭教育中仍存在着诸多不利于孩子健康成长的因素。其一，在几千年的传统文化中，家长都有"望子成龙"或"望女成凤"的情结。家长的期望值过高或过低，对孩子的健康成长都是不利的。其二，家庭的贫困、变故，家庭关系的不和谐与家庭的不完整等因素，都在一定程度上影响大学生健康心理的形成。大学学习生活的紧张、单调，也易使他们产生压抑感，从而缺乏生活乐趣，而学校如果在这方面对他们缺乏有效的指导，会引发大学生产生心理问题。此外，大学里一些不健康的校园文化，尤其是网络文化的表面化、庸俗化、虚拟化，也对大学生的心理产生了一些不良影响。

（三）个体因素的影响

不良的个性是个体产生心理问题的根本原因。个性在很大程度上决定了个体的心理承受能力，也决定着个体为人处世的方式，即决定了个体的思维与行为的方式。因此，它影响着个体的心理健康。某些大学生不能进行正确的自我评价，也未能合理地进行自我选择，甚至无法正常地与他人进行交往，因而产生了这样或那样的心理问题。概括而言，引发大学生心理问题的个体因素主要包括遗传、身体健康状况、先天神经系统、人格和心理素质等。

三、大学生心理问题的应对策略

（一）进行有效的自我调节

1. 学会建立积极心态

大学生在遇到心理问题时，第一个求助对象永远是自己，因此，自我调节也是应对心理健康问题的基本方式。在进行自我调节时，最重要的是学会建立积极的心态。积极的心态会带来积极的结果，保持积极的心态，就可以控制环境，反之将会被环境控制。

要想拥有积极的心态，就要学会积极地思考问题。人的视觉和思维都是有盲点的，看见消极的一面就看不见积极的一面，所以，我们要尽量把它调到积极的位置。比如，你不能决定生命的长度，但你可以控制它的宽度；你不能左右天气，但你可以改变心情；你不能改变容貌，但你可以展现笑容；你不能控制他人，但你可以把握自己；你不能预知明天，但你可以利用今天；你不能样样顺利，但你可以事事尽力。

2. 发展良好的兴趣和爱好

有人说，兴趣是最好的老师。这话一点也不假。爱好可以帮我们调节紧张情绪，缓解各种压力，甚至可以帮助我们陶冶性情、提升修养。

大学有丰富的资源，如各种社团活动和兴趣爱好小组，大学生也有足够的课余时间，这些都为学生发展各种兴趣爱好提供了充分而便利的条件。在课余时间，可以走进大自然，或登山览胜，或临海弄潮；可以笑傲运动场，在竞技中尽情挥洒汗水；也可以投身书海，在淡泊人生中诗意栖居；还可以寄情音乐，享受天籁之音带来的美好等。

3. 调整自己的抱负水平

每个人都在追求一定的目标，否则就会失去前进的动力，这种对自己所要达到目标而规定的标准，就是抱负。自我抱负水平是自定的标准，可高可低，仅仅是个人愿望，与个人的实际成就不一定相符合。一般来说，自我抱负水平直接影响个人的学习和生活，一个抱负水平较高的人，往往对自己的要求也较高，其学习、工作的效率也就较高；一个抱负水平低的人，对自己的要求也就低，缺乏积极性和主动性，其学习、工作的效果也就较差。但是，如果一个人的自我抱负水平总是高于自己的实际能力，那就很难达到预期的目标，很容易遭受挫折。因此，个人的自我抱负水平必须建立在对自己实际能力正确认知的基础之上。

（二）发展良好的人际关系

人类的心理适应最主要的就是对人际关系的适应。所以，人类的心理病态主要是由与人际关系的失调而来。这句话对大学生来说再贴切不过了。大学生渴望友谊，希望通过人际交往来丰富人生知识、了解生活、交流情感、学会处世、确立自我，从而获得自尊、自信和心理安全感。因此，良好的人际关系能使人获得安全感和归属感，得到理解和支持，给人精神上的愉悦和满足，促进身心健康发展。

（三）寻求心理咨询帮助

通常来说，自我调节只适用于程度并不严重的心理问题，若心理困扰不能通过自身和朋友间的倾诉进行调节，那就需要寻求专业的心理咨询的帮助了。心理咨询作为一种新生事物已逐渐被大众认可和接受，它不同于传统意义上的思想政治工作、说教、劝导、指导等，是一种专业的、正式的、效果更为良好的助人方式。

四、大学生对心理健康认识的各种误区

（一）有心理障碍即认为自己在生活中犯了错

心理障碍往往是生理、社会、心理等因素共同作用的结果，与个人日常生活中的应对方式、情绪管理水平以及心理调节意识等有关，而与个人的道德品质无关。有时候心理障碍还是个人无意识的自我保护，是对生活压力的一种适应，只不过是一种不健康的适应方式而已。大学生产生心理障碍之后不能自怨自艾，要开展自我调节，学习健康的应对方式，必要时还可寻求专业的帮助，增强心理健康水平。心理咨询工作从不认为是当事人犯了错，也不对当事人进行批评教育，更不做道德上的评判。

（二）求助于心理咨询很丢人

有些大学生认为心理咨询丢人、不体面，这些往往是因为他们缺乏心理健康知识，缺乏对心理咨询的正确认识、缺乏正确的求助意识。有人以为只有严重的精神疾病才求助于心理咨询。事实上，严重性精神疾病只占心理咨询求助人数中的一小部分，而且通常他们更适合药物治疗，而不适合心理咨询。心理咨询更多的是面向有社会适应困难、心理调节困难的处于亚健康状态下的正常人。如果生活应对问题、适应方式问题及其他心理调节问题没有及时解决，时间一长反而容易积郁成疾，演变为程度更重、治疗更为困难的精神疾病。

（三）家人不支持自己去心理咨询

当事人有心理问题时，家人非但不能理解和支持他去求助，甚至会认为其是没事找事，无事生非，或者说是为了偷懒或逃避现实，这会使当事人受到更大的伤害。这是因为家人不具备心理卫生知识，缺乏心理健康意识；也可能是因为家庭内部形成了稳定的互动模式，若当事人出现问题而向外寻求帮助，往往会打破家庭已习惯的互动模式，而遭到家人的阻抗。无论哪一种情况都需要耐心沟通，直面问题、解决问题是当务之急。

（四）心理咨询会透漏个人的隐私

心理咨询不可避免地会涉及个人的经历和感受，这些都是个人的隐私话题，也可能正是我们的问题所在。事实上，就心理问题求助于心理咨询医生并不意味着有什么不正常。相反，这表明了个人具有较高的生活目标，希望通过心理咨询更好地完善自我，而不是回避和否认问题。专业的心理咨询往往具有安全的氛围，当事人可以卸下生活中沉重的面具，坦诚地面对自己的内心，这其实就是咨询和治疗的一部分。在求助过程中，个人把自己包裹得越严实，从中的收益就越少。一方面，专业的咨询师会与当事人共同构建安全氛围，更会为当事人的言行保密；另一方面，寻求帮助的当事人自己可以掌控讨论的节奏和进度，如果觉得没有准备好，或者觉得与目前状况无关，可以拒绝讨论相关话题，心理咨询尊重人的选择。

（五）求助于心理咨询的都是弱者

现实生活中自我感觉良好或者自我效能感强的人，在遇到心理问题时较少选择向他人求助。但是我们更认同这样的理念：能够意识到自己的局限，积极向外界学习的人，才能适应现代社会的竞争。一方面前来求助的人并非弱者，恰恰相反，他们是意识到自己的局限，愿意借另外一面镜子照自己，希望用求助的方式提高自己的生活质量；另一方面，即使是强者，如果遭遇了心理问题，也需要向外求助解决问题。强者应该是善于利用各种资源，包括可以求助的资源，帮助自己成功，而不是自大自欺，故步自封。否则当自己真的需要时，反而因为自己一向不求助，觉得没有人可以帮得了自己，而产生较强的无助感、无望感。

（六）心理咨询就是聊天

心理咨询主要是言语交流的过程，和一般聊天不同，和常见的电台的谈心节目也不同。虽然这些聊天方式也能给人以帮助，但是它们的性质与方法皆不同。心理咨询是运用心理学的方法，还有社会学、医学等方面的知识，有严格的科学理论体系和操作规程，从而达到解决心理问题的目的，促进人格的发展。这完全不同于普通朋友的聊天，或亲友带有立场的劝解安慰，以及其他说服、劝导、励志、教育工作等。

（七）心理咨询应该立竿见影

很多人希望心理咨询能够做到药到病除，立竿见影，一次咨询就能解除自己的心理障碍。这种情况不是不可能发生，只不过受到太多的因素影响，如当事人问题的性质和程度、对咨询的期望、自己的领悟能力以及咨询师的水平等。有时不是因为咨询师做了什么，而是在特定的环境下，当事人从咨询师这面镜子里，突然领悟到了什么，直接导致问题的解决。通常情况下，咨询需要一个较长的过程。即使是短程的心理治疗，也需要数次或十数次。这是由心理咨询与治疗的方法和性质决定的。

（八）心理咨询师应该帮我作出决定

当事人有时强烈地希望咨询师帮助自己或者代替自己作出生活中的各种决

定，这恰恰是专业的心理咨询应该避免的。因为生活方式的自主选择权只属于当事人自己，咨询师不可以剥夺这种权利，哪怕是当事人授意的。心理咨询师应帮助当事人发现自己身上的潜力，自主应对生活压力，自己作出决定；专业的咨询师也可能会视情况的不同，为当事人提供支持性或生活指导性的建议，但不会提供生活选择性的、个人倾向性的建议，更不会替当事人作出决定。通常情况下，当事人也不需要这样的决定。

（九）想去但找不到合适的咨询师

对于个人而言，找到一个适合自己的心理咨询师不是一件容易的事。若当事人觉得咨询师不适合自己，可以选择一个问题与他进行讨论。有时候是我们自己对咨询的认识存在局限，导致对心理咨询的期望过高，超出心理咨询的范畴。若是咨询师本身的局限，则可以提出中止或转介。如果大学生遭遇心理障碍，只要不放弃努力，就一定能够找到适合自己的办法，以及能够帮助自己的人。

（十）心理障碍的药物治疗容易形成依赖或产生副作用

心理障碍的药物治疗由精神专科医院或综合性医院精神科医生进行。不同病症适合不同的药物，药物维持治疗的时间长短不同；不同时段药物剂量不同，因个人体质差异，药物的作用和效果也不同。个别人可能对药物敏感，出现不同程度的肠胃反应或嗜睡现象，一般情况下身体会较快适应。由此担心药物的副作用，形成药物依赖，其实没有必要，相比心理障碍对个体的生活质量及生命安全的影响与威胁而言，药物的副作用微不足道。在心理障碍需要药物治疗的时候，应该坚持就医，遵医嘱服药，切不可擅自停药，尤其是针对重度抑郁症、躁郁症、精神分裂症等的治疗，药物治疗是主要的，而且发现得越早，治疗的效果越好。

（十一）心理疾病一般不需要住院治疗

我国在心理卫生知识方面的普及程度远远不够，大众对精神卫生知识特别是精神疾病的防治存在各种错误的认识。不少人对精神心理疾病的住院治疗缺乏理解和了解，常以疯人院称呼精神病院。一般情况下，大多数心理障碍的治疗并不需要住院，单纯的心理咨询与治疗或者配合一定的门诊药物治疗，即可收到较好的效果。

第三节 大学生心理健康教育的主要内容

一、网络环境下的大学生心理健康教育

21 世纪，互联网技术突飞猛进，网络技术已经广泛应用到各个领域，网络给我们带来前所未有的便利，如网上购物、阅读新闻、网上办公、视频聊天等，网络已经成为我们日常生活的重要组成部分。但任何事物都有双面性，网络技术也不例外，其中不良信息也在不知不觉中影响着网民。高校大学生是网民的主要群体，由于大学生社会经验和生活经历欠缺，很难辨别网络中的不良信息，且容易受其影响，而这一阶段也是他们心理发育走向成熟的阶段，所以，加强网络环境下大学生心理健康教育尤为重要。目前，高校已经充分认识到网络环境对大学生心理健康的影响，如何引导大学生正确利用网络，如何辨识不良信息已经成为大学生心理教育的重要研究课题，进而探索出一套完整的网络环境下的大学生心理健康教育体系，提高大学生的心理健康素质。

（一）网络环境下大学生的心理健康现状

网络是大学生进行学习、科研、娱乐和社交的主要途径之一，大学阶段正是大学生世界观、人生观和价值观形成的重要阶段，大学生的心理容易受到网络中各种复杂信息的影响。通过实际调查发现，大学生的心理健康状况主要表现在如下几个方面：

1. 盲目好奇

大学生处在心理素质形成的重要阶段，但由于他们缺乏经验和阅历，所以他们很容易受到周围环境的影响。网络技术的迅速发展，网络包含的信息量越来越大，现在已经成为大学生了解外部世界的重要方式。他们怀着强烈的好奇心在复杂的网络环境中获取新的信息，但有些信息中充斥着大量的不良内容，而大学生还没有形成辨别复杂信息的能力，因此，在接受新鲜事物的过程中极易受到不良信息的影响，如网络诈骗等。

2. 感情空虚

随着社会生活节奏加快，人与人之间的交流和沟通越来越少。大学生从父母身边来到一个陌生的环境，部分人因为过分依赖父母，人际交往能力差而导致内心空虚无助。网络作为一个虚拟的世界，成为他们释放自我、寻找情感慰藉的平台，他们将现实生活中渴望得到的情感在网络世界中获得满足。久而久之，许多大学生沉迷于网络而不能自拔。

3. 自卑心理

大学生的家庭条件不尽相同，许多来自贫困家庭的大学生在学习和生活中会产生自卑心理，不愿和他人交流，压抑自己的感情，喜欢一个人独处。网络对于他们来说是一个陌生的世界，在这里没有嘲笑和自卑，他们可以肆意地放纵自己，从而获得心灵的解脱。

4. 冒险心理

近些年网络游戏发展迅速，网络上存在一些充满暴力、赌博和色情内容的游戏，许多大学生想在虚拟世界中寻求刺激，从而沉迷于这些不良游戏中，严重影响大学生的学习和生活。

5. 浮躁心理

现在社会存在一些浮躁的现象，许多人想一夜暴富或一夜成名。许多大学生受到这些不良信息的影响，只想更容易、更快地赚到钱去享受生活，但实际上，每个成功人士的背后都有一个令人敬佩的努力过程。

（二）加强大学生网络心理素质的培养

大学生沉溺网络是心理原因所致。对大学生在网络中产生的心理负面效应，应主要采用指导和疏通的方法。

1. 加强网络认知教育

许多大学生最初上网缘于好奇，但没有对网络有一个全面的认识，不能有效识别网络良莠不齐的海量信息，加之一些大学生意志力薄弱、自我约束力较差，不知不觉中陷入网络的大网。基于此，要在认知层面引导他们正确认识网络本质的同时，指导大学生恰当地利用网络资源，正确地辨别网络信息，自觉抵制各种不良信息的侵蚀，加强自己的自我约束能力，遵守网络规范，做遵纪守法的文明网民，从而有效增强他们的认知驱动力。

2. 培养网络自我教育的能力

随着网络时代的到来，现代教育已经不是过去那种无选择或很少选择的消极灌输，而是以积极摄取、自主选择为特征的主动接受。互联网信息成分庞杂，虚假信息充斥其间，而网络信息传播的开放性、自由性、多元性更需要大学生有较高的鉴别能力和自控能力。面对教育模式的改变和纷繁复杂的信息选择，大学生的自我教育能力有待提高。一方面，我们要相信现代大学生的思想觉悟和自我选择、自我判断及自我约束的能力；另一方面，自我教育不是自由教育，教育工作者应积极介入网络，在学生自我教育中发挥积极的引导和指导作用。值得注意的是，大学生年级的高低与上网率呈反比例关系，即一、二年级的大学生上网比例最高，而毕业阶段的大学生则比例非常低。

3. 重视网络时代大学生闲暇生活教育

如果把人的生活放在时间维度上予以考察，大致可分为三个部分：生理时间、学习工作时间和闲暇时间。闲暇时间是个人身心放松、陶冶情操、开阔视野、丰富生活，按自己意愿所支配的自由时间。闲暇生活是每个人生活中重要的组成部分，是促进个人身心健康、提高生活质量的必不可缺的重要因素。学生上网的主要活动是聊天、游戏和收发邮件，下载软件和学习知识只占很少的比例，这说明在大学生网民中，大部分并不是因为学习的需要而接触网络，网络是当代大学生课余闲暇时间中的一种主要的娱乐休闲方式。大学生沉溺网络，一方面是网络本身的诱惑与吸引，另一方面也与其闲暇时间没有充实而丰富的活动安排相关。一些大学生网络行为失控的根本原因，在于其个人发展空间的狭小和桎梏。如果大学生不能在学业中自我肯定，就应当倾向于从体育、文艺、社会活动、业余文化等闲暇活动中寻求充实和愉快。不然，就会沉醉于虚拟空间的成功、自信、尊重、满足而不能自拔。积极的闲暇生活给大学生带来的不仅是当时的感官享受和精神享受，而且能在劳逸结合、张弛有度、身心愉悦中，为他们的未来发展打下坚实基础。而消极无序的闲暇生活会影响大学生个人身心的健康发展，甚至导致个人的消沉、堕落、甚至犯罪。随着大学生自主性的增强，自由空间增多，网络时代大学生闲暇生活教育是促进大学生健康成长不容忽视的重要环节。

二、大学生生命教育探究

（一）对大学生生命教育的思考

20 世纪中叶，生命教育开始在世界范围内流传且日益彰显出其重要的作用。随着科技生产力的高速发展，人类社会不断前进，我们的物质和精神生活水平都有了显著提高，征服自然的能力也明显改善。与之而来的却是，人类也遭到了各种挑战，环境问题日益凸显、自然灾害频发、资源短缺迫在眉睫、人口急剧增多、地球不堪重负等等。另外，世界也并不和平，在某些局部地区，战争的阴影从未散去，还有的地方，一直处于贫困线以下，疾病高发，人们忍饥挨饿。这些都直接或间接地威胁着人类的生命。让很多人对未来的世界感到无所适从，迷茫感油然而生。于是，生命教育的重要性越来越多地被有识之士提及，以期唤醒人类对生命的正确认识，尊重生命存在的价值和意义。生命教育逐渐成为社会发展的必然趋势，这也可看成是人类在面临生命威胁和销蚀时的一种深刻反思。

20 世纪末期，我国开始在学校教育中推广生命教育。我国大学生生命教育研究自 21 世纪以来，才引起人们的重视和肯定。大学生生命教育的提出有其深刻的时代背景。近年来，随着我国科技的进步、经济的发展、社会体制的转型、改革开放的不断深入，大学生在面临着前所未有的发展机遇的同时，也陷入了前所未有的竞争、压力、冲突、困惑、迷茫等生命困境。现代科技的迅猛发展带来了经济繁荣和物质的昌盛，但也带来了环境的破坏、资源的枯竭，人们生存危机的加重和生命尊严的销蚀，人们在追求生命存在意义的历程之中越来越迷失了生命本身。从社会体制转型来看，大学生们正处于我国社会主义市场经济的转型和建设时期，面对社会价值观念的多元化、人们思想观念的转变、入学求职竞争激烈、传统生活方式的改变，大学生承受的身心压力不断增大，一些大学生既无法适应社会发展的新变化，也无法从以往观念文化中找到行为的方向和准则，而正在全世界泛滥的后现代文化又提出要消解一切事物的本质、规则与意义。这让一些大学生陷入空前的迷茫、焦虑、压力和困惑中，不少大学生彷徨、无奈、消沉，感到"活得艰难"。

（二）生命在意义中安居

1. 对生命意义的关注源于大学生意义缺失的现实

大一学生为"现实中的大学与想象中的象牙塔不一样"而郁闷，大二学生为"敏感的校园人际关系"以及"校园内部贫富差距显露的社会不公"而郁闷，大三和大四学生则开始因为"考研、就业与恋爱带来的一系列问题"而郁闷。

部分大学生的郁闷感受其实是生活无意义、内心空虚的表现。现代生活的变化、竞争和压力使许多大学生普遍具有一种想要努力把握，却又把握不住自己，把握不住生活的感觉。他们常常陷入一种空虚、无聊、困惑、迷茫、浮躁的情绪状态。心有渴望，又不知渴望什么；感觉很忙，又不知忙些什么；内心空虚，却又不知道如何去充实，觉得干什么都没有意思，感到生活没有意义。这实际上就是对生活的否定，发展到极端就会产生对生命的否定。

2. 人类生命的三重维度

生命是一个有机联系的复合体，对于人来说，人类生命有物质生命、精神生命和社会生命三重维度。

物质生命：生命首先是一个自然赋予的物质存在，即自然的生理性的肉体生命。尽管物质生命的存在是人与动物所共有的，但物质生命仍然是人类得以存在发展的首要物质前提和基础，脱离了物质生命，人类就失去了生命得以存在发展的物质载体。当代社会，部分人表现出对物质享受的过度追求与摄取行为，其实也是人之物质生命的极端表现。

社会生命：人总是处于一定的社会关系中，并承担一定的社会角色和责任。"人的本质并不是单个人所固有的抽象物，在其现实性上他是一切社会关系的总和。"人的社会生命意味着人有对社会权势的渴望、对社会地位的关注、对社会关系的重视、对社会期望的回应；也意味着人所必然承担的社会责任、社会义务、社会道德、社会规范、社会良心。社会生命对人的物质生命与精神生命具有某种决定和制约作用，它决定人们生物本能的冲动和释放，制约着人们精神生命的自由和有序。

精神生命：人是"有意识的存在物"，具有精神生命。"有意识的生命活动把人同动物的生命活动直接区别开来。"精神生命的存在使人超越了动物的本能，而获得人性的自由和尊严。对个体的精神表现，"'精神'在常识上可以这样讲——是由做出或遇到各种不同事情的人们身上表现出来的。从认识或知觉方面讲，他们有知觉、回忆、想象、抽象和推理的活动；从心理情绪方面讲，他们有快乐的感觉和痛苦的感觉，他们还有情意和欲望；从意愿方面讲，他们可照自己的意愿去做一件事情或不做一件事。所有这些表象都可以划入'精神'的事件范围之内。"可见，人的精神生命是一个相对于物质生命和社会生命而言，表现于主观意识层面的理性的认知、丰富的情感及坚决的意志追求。正因为精神生命的存在，人们才会超越尘世的繁杂而执着于生命意义的思考和追问，才能在精神富足、对生命自由的向往追求中感受快乐和满足，才能在精神守望与理想追寻中固守坚韧和恒久。人的精神世界发展如何，是人的发展水平高低的主要标志，人与人之间存在差别，主要是由于精神发展不等。作为精神生命的存在，人的存在总是为了值得存在的理由。而且，人能够超越当下的存在而追求更理想的存在，如对美好未来的憧憬、对个人发展的向往、对人生磨难的抗拒、对生命意义的追寻。人总是要有点精神的。这实际上就是对人类精神追求、理想信仰、道德操守的肯定与张扬。人是精神的存在，人性区别于动物性的高贵就在于人的生命具有高于生命的意义和目的。如果一个人沉迷于欲望太多，失去了对个人理想的追求和守望，必然感到存在的虚空和精神的萎靡。从个人生存来讲，没有必要的物质条件不行，没有精神层次的理想、追求和信念也不行。只有当一个不断朝向精神生命的存在使人超越了动物的本能而获得人性的自由和尊严，才可能获得真正的快乐、幸福与满足。

3. 生命在意义中如何安居

"生命的意义是什么"和"生命的存在对我有什么意义"是两个十分相似却又有着截然不同意蕴的问题，前者是一个根本性问题，即生命本身就是意义，活着就是意义；后者则是一个具有价值指向性的相对性问题，生命之于人类而言，并非仅仅意味着生存、活着，意味着吃饱穿暖、代际延续，而且意味着人对物质生命的超越，意味着社会生命的发展，意味着对精神生命的诉求，意味着自我价值的实现及生命独特个性的彰显。

"人不仅仅为了面包而活着"，他要讲究活着的意义和价值。对此，很多人存在一个误区，以为只有作出具体而显赫的物质和精神产品贡献才是生命意义的体现。其实，每个人可以向世界提供的有价值的东西是非常多的，对万物生命的尊重、对亲人朋友的关爱、对生活目标的执着、对艰苦环境的超越等。人除了通过发挥其力量，进行生产性生活而赋予生命意义外，生命就没有意义了吗？生命意义是关于生命的积极思考和追求。对每一个个体而言，生命意义可从两个方面去理解：一是对生命存在的敬畏；二是对生命价值的追求，既包括对社会生命所赋予责任与义务的遵从，也包括精神生命所蕴含的对个体自由与价值实现的瞩目。

　　而安居自然是一种生存状态，透射着一种舒适与自在、轻松与安享。对于追求精神幸福与心灵自由的人来说，安居并非简单占有一个住处，它更是一种精神层面的栖居与安宁，其本质应是生活的和谐与精神的自由。安居是一种能够感受个体价值存在的幸福体验；安居蕴含着生命三维的协调相融，指向人与自然、人与社会、人与自身的共在与相融；安居是指属于人性彰显与本质需要的精神自由和心灵惬意的自在存在。人是寻求意义的动物，无法忍受无意义的生活。弗兰克尔指出，人们对生命意义的探寻是生活的基本动力。人生是有意义的，健康的人便生活在对生命意义的追寻和实现生命意义对心理健康的积极影响之中。对生命意义的探索和情绪健康有正相关：对生命意义的认识能够减缓消极生活事件对个体的影响；而缺乏对生命意义的理解与心理问题则有正相关。弗兰克尔坚信，人有寻求意义的需要，无论生活在多么恶劣的环境中，即使在像集中营那样极端悲剧性的环境，人都能为自己的存在寻找出意义。而人一旦具有生存的意义，就能健康地生活。为了应对生存挫折，人们必须为自己的生活发现意义与价值。人在苦难中需要意义以求生存，人在优越的生活环境中同样需要意义以求生存和发展，否则就都有可能被不同程度的心理问题困扰。而当代大学生中流行的"郁闷"感觉，可以说就是对存在空虚感的形象概括。

　　对意义的追寻是人类存在的根本拷问，"人类参与社会生活的最终根源，是对意义和尊严的渴望，而非表面上所看到的游戏带来的利益"。只有澄清生命的意义问题，才能使我们的生存超越罪恶、混乱、虚夸、躁动，才能在纷繁的世界中实现诗意的安居。意义是因人而异的，对一些人有重要意义并且孜孜以求的事情对另一些人也许毫无价值。对人生意义理解不同实质是人们价值观念的不同展现。笼统地说，意义可分为一般社会标准的生存意义和自我生活意义，每个人在追寻和确立自己的人生意义时总是以外在社会标准为依据，更以内在价值认可为准绳。如果二者达至相对统一就会使人目标明确、主动积极、内心充实；如果人违背自己的内心意愿，被外界驱使去实现所谓人生的意义，那么他一定从另一个方面否定或回避这一意义，并陷入迷茫、混乱、郁闷、空虚、烦躁和无所适从的低潮状态。因为这不符合人存在的事实，对意义的追求更是精神层面上的主动选择。在当前市场经济建设的社会转型时期，人们生存意义日趋多元化，多元化的意义取向使许多人产生严重的心理失衡，一方面希望坚持自己认可的人生价值导向，另一方面又不自主地为外在标准所左右。在这种矛盾挣扎中，如果缺乏一定的自我调控、自我肯定和自我认同能力，自我生活意义将被外在意义否定，而对自己生活意义的否定必将导致其对自己当前生存状态的否定，甚至对自己生命的否定。许多人寻求心理咨询，也许并不是出于某一明显的身心病症，而是出于对人生的绝望与自我存在意义的混乱和受挫。这种混乱和受挫必将导致人的存在的虚空。

三、大学生职业生涯规划心理健康教育

大学生职业生涯规划指导是伴随我国高校就业体制改革而开展的教育新内容。职业生涯规划理论传入我国较晚，在大学生职业生涯规划实践中存在诸多现实困难与心理误区，开展大学生职业生涯规划指导是我国大学生心理健康教育走向生活的新发展。

（一）开展大学生职业生涯规划指导的必要性分析

大学生职业生涯规划指导起源于 20 世纪初发达国家的职业指导运动。而纵观学校心理健康教育的发展历程，20 世纪初发达国家的职业指导运动也恰是学校心理健康教育的萌芽与源起。帕森斯作为"职业指导之父"的同时，也被誉为"心理辅导之父"。大学生职业生涯规划与指导是当今发达国家学校心理健康教育的重要内容，也将逐渐成为我国大学生心理健康教育的重要方面。

1. 大学生职业生涯规划现状诉求

因职业生涯规划理论传入我国较晚，对大学生职业生涯规划的推进与研究还

缺乏有力的理论及实践经验的指导和支持，当前大学生职业生涯规划开展存在许多问题。

首先，大学生的职业规划意识淡薄，求职缺乏理性的职业规划。

其次，大学生在职业生涯规划中存在诸多心理误区。一方面表现为大学毕业生在择业过程中的过度焦虑、自负、自卑、依赖、怯懦、攀比、冷漠等不良心理状态；另一方面表现为当前大学生对职业生涯理解不足、职业自我意识认识不够、职业方向与需求模糊、职业期望过高、职业规划制订得急功近利等方面。

再次，大学生对自身职业生涯规划与指导存在很强的渴望的同时，对它也感到陌生；职业生涯方面的知识来源途径少，并无专门的职业生涯规划咨询机构。大学生对职业生涯规划方面的知识和服务的需求，对学校教学和管理部门提出了较高的要求。然而，这种需求与高校目前的有限供给或低层次供给形成了矛盾。

最后，大学生职业生涯规划指导工作有待加强。我国大学生职业生涯规划指导主要表现为学校就业指导中心的就业指导工作。目前，我国高校的就业指导工作主要是负责毕业生落实工作单位，包括为毕业生收集需求信息、联系用人单位、组织校园招聘、推荐学生就业，进行就业管理，工作对象多为毕业班学生，这与职业生涯规划的本质与主旨有一定差距。

2. 职业生涯规划有利于大学生身心健康和最优发展

大学阶段是迈向成人的关键时期。这一时期，大学生们面临着许多关乎未来发展的重大抉择，如学业、交友、择业、就业、婚姻、人生价值等问题，对这些问题的选择与态度是影响大学生身心健康的重要因素。从大学生的年龄与心理发展特征看，其正处于心理变化最为激烈的时期，是从幼稚向成熟发展的时期。这一时期的大学生往往情绪多变、敏感脆弱、渴求发展又易脱离现实，在面临一些问题时因缺乏经验及相应的处理能力而易表现出困惑、焦虑、急躁、愤怒等不良情绪，从而引发许多心理矛盾。一些大学生的心理问题恰恰就缘于自我定位不足、决策能力不够、奋斗目标模糊、生活感受空虚、职业选择冲突、未来发展迷茫等发展规划不足等问题，良好的职业生涯规划有利于帮助大学生克服这些心理弱点。

根据美国学者舒伯的职业生涯发展理论，大学生正处于生涯探索期和生涯建立期的关键阶段。这一时期，大学生可以通过学校生活、社会实践开始对自我能力和角色、各种可能的职业选择及个人能力与职业的匹配等方面进行不断的探索和尝试。职业生涯规划的目的绝不只是帮助大学生按照自己的资历条件找一份合适的工作，提高高校就业率和社会满意度，更重要的是通过生涯探索与建立的求索历程帮助大学生真正地了解自己，了解职业，增长生涯认知，认清发展方向，明确发展目标，制订行动计划，更好地规划学习、生活与未来，有利于大学生在思维模式、情感方式、主体意识、规划能力、发展观念、职业生涯意识等方面，从传统的文化心理素质向现代社会的文化心理素质转变，促进大学生身心健康发展。

职业是自我价值的延伸，是一个人寻求自我发展与自我实现的基本途径。大学生的职业生涯规划的完整与否，不仅影响个体的心理健康，也关系其未来发展。一个人所从事的工作与其职业兴趣相吻合，能发挥其全部才能的 80% ~ 90%，并能长时间地保持高效率的工作而不疲劳；反之，就只能发挥全部才能的 20% ~ 30%，还容易感到厌倦和疲劳。大学生正处在个人职业生涯的探索阶段，这个阶段，大学生通过对自己的兴趣、爱好、能力、特点及客观环境的综合分析与权衡，通过对各种职业角色的了解和尝试，有利于大学生充分认识自己，实现合理的职业匹配，积极发挥自身优势；有利于大学生树立务实可行的职业发展目标与职业理想，合理利用学习时间和学习资源，不断地进行自我增值、自我提高。与此同时，通过合理的职业规划，个人与职业的契合度越高，大学生未来的职业生涯就越有可能获得广阔的前景，从而实现个体的全面最优发展。

3. 心理特征与个体职业的双向选择

在大学生个性心理的发展过程中，个体的兴趣、能力、气质、性格、价值观等个性心理特征，都在很大程度上影响大学生职业方向和类型的选择与匹配。兴趣是大学生进行职业生涯选择的依据，不同的兴趣适合不同的职业类型，从事适合兴趣的职业能有效提高大学生的工作效率，它是大学生职业生涯发展过程的精神动力，以此推动大学生锲而不舍地追求某一职业目标，并保持职业生涯规划过程中的稳定性和连贯性。能力是个体能够胜任某项工作的主观条件，是职业规划的重要依据。我国近代职业教育的倡导者黄炎培先生用通俗的语言概述了职业与能力的适合的重要关系："一个人职业和才能相不相当，相差很大，用经济眼光看起来，不晓得有多少快乐，不相当，不晓得有多少怨苦。"而不同的气质类型也显著地影响着大学生的职业类型。一般来说，胆汁质的大学生适合从事开拓性的职业，多血质的大学生更喜欢灵活性较大的工作，而黏液质的大学生适合从事稳定、细致、持久性的活动，抑郁质的大学生则适合精细、敏锐的工作类型。价值观是一种内心尺度，其在大学生的职业生涯发展中起着极其重要甚至是决定性的作用。由于个人的身心条件、兴趣爱好、教育背景、社会阅历等方面的不同，大学生在职业选择中的目标和要求也是不相同的。在职业定向与选择过程中，对自己的职业价值观有深入了解的大学生更能为自己选择理想的职业导向，能从职业生涯中获得内心的愉悦与充实。

（二）大学生职业生涯规划指导的内容选择

大学生职业生涯规划指导是以大学生职业心理发展特点为依据，以大学生职业生涯规划内容为基础，以大学生职业能力开发、自我潜能展现及职业生涯发展为着眼点的教育活动。

1. 结合大学生心理发展特点开展职业生涯规划指导

发展心理学认为，个体的任何一个发展阶段都受其年龄、心理的影响。人在不同的职业发展阶段中，对职业的需要以及追求发展的方向和采取的行为方式也存在着较大的差异。个体的职业心理发展划分为幻想期、尝试期和现实期三个阶段，揭示了个体早期职业心理的发展对其未来职业选择的影响。大学生正处于职业生涯发展的探索阶段，他们兴趣广泛、思维活跃、勇于尝试、渴求发展，对未来充满期望，但同时容易出现自我评价不足、社会认识不够、情绪变化较快、面对挫折承受能力不强等现象。同时，在不同的年级，大学生的思想观念、行为方式、生活内容、价值目标也会发生相应变化。因此，在大学生职业生涯规划指导中，要充分考虑他们的心理发展特点及不同年级大学生的学习任务及心理发展的不同，增强大学生职业生涯规划意识，在不同年级都要开展侧重点不同的职业生涯规划指导工作，而不能只是在毕业学年才去做。

2. 积极开展职业心理咨询，缓解大学生职业心理困惑

在大学这一职业生涯发展的探索阶段，因部分大学生对职业生涯规划了解不足，职业生涯规划能力尚待提高，再加上大学生特定的心理特点及种种的不确定性，大学生在职业生涯规划以及求职就业过程中会产生心理困惑和误区，这就要

求我们在进行全面职业生涯规划教育的过程中，积极开展大学生职业心理咨询工作，运用专业心理咨询的方法和手段帮助大学生缓解和消除在职业探索过程中的心理困惑与问题，促使其职业心理的成长及职业规划能力的提高，协助大学生职业生涯规划顺利开展。职业心理咨询可以采用个别咨询和团体咨询两种模式。个别咨询问题主要针对来访大学生个体职业生涯探索过程中产生的困惑与问题进行直接的心理帮助；团体咨询主要以分组的形式，针对生涯探索过程中某一类问题进行指导与帮助，采取团体咨询辅导模式还可使大学生在专业设计的职业生涯规划团体活动中获得良好的实践锻炼和经验感受。

3. 科学开展职业心理测评工作，做好大学生职业定位辅导

职业定位是指要为职业目标与自己的潜能以及主客观条件谋求最佳匹配。良好的职业定位是以对自己的需要、兴趣、能力、气质、性格、价值观等个性心理特征准确把握为依据的，在职业定位过程中谋求个体专业、特长、能力等与职业的良好结合是大学生做职业生涯规划的必需。而对自我心理特征的充分了解必须借助于科学的职业心理测评，通过科学的职业心理测评，使大学生对自己有一个全面准确的认识，即有一个实事求是、恰如其分的评价，从而协助他们对自己的职业潜能倾向和职业适宜性有一个清晰的了解。在大学生职业生涯规划指导工作中，职业心理测评不是目的而是一个过程，是为了帮助大学生更好地自我探索与澄清，了解自己的职业兴趣、技能、价值观和人格特点，以便更好地针对个人职业生涯展开规划与设计。在对大学生开展职业心理测评工作时，要注意使用科学、合理、有效的测量工具与方式，以提高职业心理测评的科学性。

4. 以教育发展性为指导，开展持续动态的职业心理辅导

职业选择是一个动态过程，不是一次性完成的"选择"，它往往伴随着人们身心发展的历程而不断发展和完善。在职业选择与定向的整个发展过程中，可以分为几个连续的阶段，每一阶段都有其特定的发展任务，如果前一阶段的任务没有很好地完成就会影响后一阶段的职业发展任务。从这个意义上讲，大学生职业生涯指导所涉及对象的外延就不仅是毕业生，而是全体大学生；教育内容则不仅限于职业心理困惑的指导，而是以教育的发展性为指导，在尊重个体和年级差异的基础上，开展持续动态的大学生职业心理指导工作。

　　在这个动态的指导过程中，主要包括三个方面的工作：一是大学生求职择业的心理准备，即大学生在就业前对求职择业目标的自我定位，对择业过程中可能出现的各种情况所做的估计与评价，以及为了解决这些问题而建立的思想观念和心理活动。大学生择业的心理准备是一个长期的过程，贯穿于整个大学生活，如大学生竞争意识与能力的培养、良好的择业心态的养成、社会适应能力的提高、职业方向与理想目标的定位等。二是大学生求职择业中心理矛盾的指导与调适。因大学生具有特定的年龄心理特征、学校相对封闭的环境以及社会改革的深入，大学生在择业中常常会出现一些矛盾心理及误区，因自我认识不足而在择业过程中产生的盲目自卑心理，双向选择赋予大学生选择机会的增多而产生的"鱼和熊掌兼得"的欲望心理，等等。这些矛盾心理与心理困惑是大学生职业心理指导中需要及时调节与指导的重要内容，如果不能及时疏导和宣泄，可能发展成为影响大学生整个职业生涯规划的心理障碍。三是社会适应期心理指导与调适。主要是针对毕业大学生的心理辅导，即大学生走向社会，在具体的职业岗位上对社会环境适应的心理调适指导。如指导学生形成适应未来工作环境的积极的心理倾向，强化学生面对社会现实保持积极乐观的心态，并培养良好的职业道德意识等。大学生走向社会的适应期长短因人而异。实践证明，谁能较快地适应社会谁就能较快地取得成才的主动性。可见，良好的社会适应性是大学生在新的工作环境及社会生活中取得进一步发展的重要基础，也是大学生整个职业生涯规划得以持续发展的必经阶段。

第四节　大学生心理健康教育的发展

一、大学生心理咨询的发展

（一）心理咨询是大学生心理健康教育的重要内容和途径

　　心理咨询是指咨询者运用心理咨询的相关理论与方法，通过特定的人际关系，帮助来访者解决心理困扰，增进心理健康，提高适应能力，促进个性发展与潜能发挥的帮助活动。心理咨询包括个性化心理咨询与团体心理咨询，就当前我国大学生心理咨询实践而言，主要以个性化心理咨询为主要形式。个性化心理咨询的一个重要特征是一对一的咨询关系，前去咨询的主要是有一定困扰和心理问题的大学生，相对于整体大学生的数量而言，他们是少数。这一特征就决定了大学生心理咨询帮助对象的有限性，不可能使所有人受益，而教育理应是面向全体和大多数的，所以心理咨询有必要发展为更大的范围，即走向心理健康教育。尽管国际上一般不提心理健康教育，或者说把大学生心理健康教育称为大学生心理咨询，但心理健康教育不等于心理咨询。虽然大学生心理健康教育从心理咨询发展而来，但心理健康教育的内涵要比心理咨询丰富得多。在学校生活中，心理健康教育除了要面向部分出现心理困扰、心理问题的学生，还要面向全体大学生；不仅要有特定心理咨询工作，而且还包括大量的课程教育、课外活动，甚至还要担负起向全社会宣传心理健康教育以及指导家庭、社区开展心理健康教育的任务。因此，大学生心理咨询应该定位于大学生心理健康教育体系中必不可少的重要内容和主要途径，非大学生心理健康教育的全部。

（二）大学生心理咨询的发展性价值取向

从心理咨询的价值取向来看，主要包括障碍性心理咨询和发展性心理咨询两种发展取向。前者主要是为各种有障碍性心理问题的人提供援助、支持、矫正和治疗，其更符合心理治疗的范畴；后者旨在根据大学生的身心发展特点，帮助大学生妥善解决心理矛盾，更好地认识自己和社会，开发潜能，促进个性的全面发展和人格完善。根据我国高校的育人特点和主要目的，我们提倡在大学生心理咨询工作中坚持发展性的价值取向。

心理咨询的对象不是全体学生，而是带有一定"心理问题"的来访大学生，由此，许多人认为心理咨询主要是以"心理问题"的消除和防治为主旨的障碍性心理咨询。在此，有必要对"心理问题"进行简要分析，"心理问题"有广义与狭义之分：广义的"心理问题"既包括心理疾病、心理障碍，又包括学习、生活、社交中产生的心理困惑与苦闷，是把心理问题泛化；狭义的"心理问题"是指心理障碍、心理疾病。部分心理咨询从业者为了强调心理健康教育的重要性，人为夸大学生"心理问题"的严重程度，动辄冠之以"心理障碍""心理疾病""心理异常"等名称，将狭义的"心理问题"等同广义的"心理问题"，将"一般性的心理问题"与严重的心理问题相混淆，对此必须要有清醒的认识。在高校确实也有部分学生存在着不同程度的心理障碍和人格缺陷，但相对于整体学生来说，这些只是很少的一部分。事实上，真正有严重心理障碍的学生毕竟是少数，更多的大学生面临的是成长与成才、情感与事业，及其日常生活事件处理等成长性心理问题，这些问题并不是构成心理疾病的主要方面，但它们却直接地影响着学生的心理健康与发展成长。因此，许多带有"心理问题"前来求询的大学生并非"异常学生"，而是寻求发展性问题帮助，渴望自身成长与发展的大学生。

　　坚持大学生心理咨询的发展性价值取向，并非鼓励全体大学生都去咨询，并非意味着所有大学生都需要咨询，其意在坚持一种发展性的咨询理念。通过这种咨询理念的坚持和倡导，一是激发和培养大学生的求助意识，避免许多寻求自我发展的大学生因心理咨询的"障碍性"关注，而对高校心理咨询机构望而却步；二是倡导咨询老师对求助学生及其问题以帮助发展为旨趣，并非以消除症状、矫正治疗为取向，避免咨询中出现一些错误倾向。心理不健康与有不健康的心理和行为表现不能等同。心理不健康是指一种持续的长时间不健康状态，一个人偶然出现的某种异常行为和情感体验却往往是正常的应激反应，说明这个人的心理反应是正常的。很多心理测试量表题目反映的只是受测者接受测验前某一段时间的心理状态，如"最近一周我时常感到焦虑"，但在结果分析时却有人将其看作是持续的、特质的，泛化了异常心态的范畴。对于大学生这一群体来说，适度的应激状态是大学生应对应激事件的正常表现，如考前轻度的焦虑有利于大学生集中注意力，提高学习效率，这是一种特定情景下正常的应激反应，与那些焦虑性人格特质的人相比，这在本质上是不同的，要避免将大学生成长问题理解为心理异常。成长问题是指在心理发展过程中必然会出现的暂时的具有一定年龄特征的异常现象，如青春期逆反现象。在咨询中，如果来访者的问题属于成长问题，则不要人为地严重化，将其划为异常之例。事实上，大学生来咨询的许多问题往往会随着其年级的提升，年龄的增长而逐渐化解。

　　倡导发展性心理咨询取向并非对障碍性心理咨询的忽略和否定，结合目前我国大学生心理咨询现状，障碍性心理咨询的技术水平还十分欠缺，亟待提高，对少数出现严重障碍性心理疾病的大学生应及时转至专业卫生机构，以免延误。因此，我们提倡在有效提高高校心理咨询专业水平的基础上，坚持发展性咨询取向，将发展性心理咨询贯穿于学生成长的始终。

（三）大学生心理咨询应坚持"价值参与"

在心理咨询领域中，"价值"问题是一个既敏感而又棘手的问题，存在着"价值中立"与"价值参与"两派纷争。"价值中立"是人本主义心理咨询理论的指导原则和核心思想，强调在心理咨询中咨询人员应超然于双方价值观念的冲突，一切以来访者的价值体系为中心，对来访者的价值观念要无条件接受，咨询人员不能以个人和社会任何价值尺度对来访者经验做价值判断和影响。此原则一经提出即在心理咨询界产生很大反响，并在我国广为传播。随着实践的深入，人们逐渐发现，在咨询中价值问题是无法回避的，完全的"价值中立"是不切实际，也是难以真正做到的。"价值参与"相对于"价值中立"而言，是指在咨询时咨询员将一定的价值观念渗透于咨询过程中，引导来访大学生树立积极的价值观念，进行合理的价值评判，以缓解内心冲突，作出合理选择和积极行为的过程。

大学生心理咨询如何进行"价值参与"？关于"价值参与"的实践探讨也有多种观点，如价值澄清、价值归因、价值评判、价值选择、价值认同、价值灌输等。大学生心理咨询中处理价值问题的关键不是对"价值中立"与"价值参与"的简单肯定或否定，在于对"价值参与"的"度"的把握。高校心理咨询中的"价值参与"应以价值尊重为前提，以价值澄清为基础，以价值引导为中心，避免两个极端。价值尊重是指咨询人员应理解和尊重来访者的价值观念，不排斥、不批评、不评价，并予以真切理解，为来访者创设一个安全、轻松的人际氛围，让他自由地表达。当然，价值尊重并不等于认同来访者不合理的价值观念和价值取向，理解是为了更好地"参与"，感同身受方能"助人自助"。价值澄清是在价值尊重的前提下，通过讨论、对比、实例等多种方式帮助来访者明确自己有什么样的价值观，自己真正向往什么样的价值取向，社会价值取向与自己所持价值取向是否存在矛盾，导致自己价值冲突的根源何在。价值澄清的本质就是协助来访者对自我内在冲突做理智的思考和客观的分析，为价值引导奠定基础。价值引导是"价值参与"的目的所在，即在价值尊重的前提下，在价值澄清的基础上，引导来访者进行适宜的价值选择。如前所述，我们应承认和尊重来访大学生的多元化价值取向，但这种承认和尊重不是放纵和无度，如果来访大学生所持价值取向的主流属于反社会或边缘性价值的时候，咨询人员有责任予以必要的价值引导和参与。在进行"价值参与"时要避免两个极端，即绝对价值中立和完全价值干预。完全否定大学生心理咨询中的价值参与，坚持绝对的价值中立不正确；但置来访大学生原有价值观于不顾，为来访者作出替代性价值选择也不足取，甚至适得其反。实际上，"价值中立"原则为科学的"价值参与"提供了一个实践参考坐标，使得价值参与在实践中避免走向价值干预的极端，由此在灌输和中立之间实现动态的平衡和协调。

二、大学生心理健康教育课程的发展

（一）大学生心理健康教育课程的定位

结合当前我国大学生心理健康教育实施现状，通过课程形式对大学生进行心理健康教育是学校心理健康教育的主要渠道。课程教育既可以避免心理咨询帮助对象的局限，又可以缓解我国现有学校心理辅导人员的不足，同时解决心理讲座的不系统，更能从预防和发展的角度对多数大学生进行心理健康教育，提高其心理素质。

作为一门新兴课程，因研究的滞后及师资方面的原因，学校对心理健康课的课程定位比较模糊，出现一些偏差，主要表现在：学科化倾向，单纯注重心理健康知识的传授；德育化倾向，模糊德育与心理健康教育的本质不同；娱乐化倾向，过度强调形式的活泼与多样。因此，对课程的适当定位将是心理健康教育课程保持长久生命活力，促进我国大学生心理健康教育顺利发展的必要条件。

首先，心理健康教育课程内涵的界定。目前，比较一致的看法：心理健康教育课程不是特指某一种课程，它是一类课的总称，是为实现心理健康教育的目标而组织的各种教育活动及各种教育性经验的总称，包括心理健康教育学科课程、心理健康教育活动课程、心理健康教育隐性课程。在此，其更倾向于对心理健康教育课程做狭义理解，即面向全体大学生，根据学生身心发展特点，有计划、有组织地开展的，以培养学生良好心理素质、促进学生身心全面发展为目的，以心理知识传授、心理品质培养为内容的专门课程。其具体主要包括心理健康教育学科课程和心理健康教育活动课程，即心理健康教育显性课程。

任何一门课程因受其专业限制，不可能面面俱到，只能完成其特定任务，心理健康教育课程也不例外。

1. 心理健康教育课程应重视心理健康意识的培养

对大学生个体来说，自觉完善心理健康不仅仅是大学阶段的任务，也是终身学习的任务。心理健康教育的知识是丰富而发展的，增进心理健康的途径方法也是多样而变化的，不可能完全通过课堂教育来获得，只有当大学生真正地具备了心理健康意识，才能在今后的学习工作生活中不断丰富心理健康知识，自觉提升心理素质。

2. 心理健康教育课程不仅在于理论知识的传授

心理健康教育课程不是单纯的知识传授的学科课程，其主要侧重于实际调适的综合应用课程。心理健康教育课程所承担的主要职责不是解决知与不知的矛盾，而是在一定"知"的基础上影响和干预学生的现实心理状态，使学生学会自我分析、自我调控，学会排除学习和生活中的实际问题，提高大学生整体心理健康水平。尽管心理健康教育课程内容不可避免地要涉及许多心理学及心理健康理论知识，并且只有在掌握一定"知"的前提下，才能有更好地"行"，但心理健康教育课程的重点不在于理论知识的多少，而更在于知识应用的能力。若过于注重大学生对理论知识掌握的准确与详尽，则有可能丧失心理健康教育的本质所求，有可能使学生对心理学理论、心理健康的提高望而生畏并失去兴趣，而且学生在面临现实的心理问题时，依然会束手无策，不知所措。

3. 心理健康教育课程应立足于发展教育模式

心理健康教育课程面向的主体是健康的大学生，意在通过开课的形式普及心理健康知识，培养学生良好的心理品质，提高学生整体的心理健康水平，使之在各自现有的基础上均有所获益。由此可见，心理健康教育课程应立足于发展教育模式，矫治学生的各种异常心理和问题行为，则主要由障碍性咨询和心理医院等来诊断和治疗。

4. 心理健康教育课程具有活动课程的性质

心理健康教育课程不仅具有学科课程的性质，其自身也具有活动课程的性质。它可以以学科课程的形式进行，也可以以活动课程的形式出现，但这两种形式不是截然分开的，而是相互补充、相互融合，甚至于同一课堂交织呈现，统一于心理健康教育课程总体目标与规划之中。

高校心理健康教育课程和其他课程一样，是学校课程教育的有机组成部分。它与德育、智育、体育等课程相互联系、相互渗透，同时又有着自己的独立目标、内容和方法。

心理健康教育课程与其他课程密切联系。无论是学科课程形式还是活动课程形式，心理健康教育课程可以说都是一门跨学科的课程，其内容涉及心理学、教育学、社会学、生理学、伦理学等多个领域，是综合社会科学、自然科学以及技术科学等相关知识的一门综合性课程，在理论及实践层面与这些课程存在着相互渗透、相互促进、相互补充的密切联系。一方面，在这些学科课程内容中蕴含着丰富的心理健康教育资源。如社会心理学知识的学习，可以让学生了解社会对个体的影响，个体社会心理的养成，个体与群体的关系处理等，从而帮助大学生增强适应社会发展变化的能力；自然科学学科课程的学习，需要人们观察力、记忆力、注意力、想象力、思维力等认知能力的参与，这些能力的参与与提高本身就是个体心理品质的培养与完善的过程。另一方面，各学科的有效开展和运行需要以大学生健康的心理素质为基础。如德、智、体、美的全面发展是大学生综合素质的内在规定，即大学生所应具备的思想政治素质、科学文化素质、身体素质、心理素质。其中，心理素质是人才素质的基础，渗透于思想政治素质、科学文化素质和身体素质之中。心理素质是大学生思想政治素质形成的基础，这也是大学生科学文化素质形成的必备前提，是大学生健康身体素质的重要保证。

（二）大学生心理健康教育课程目标的定位与发展

心理健康教育课程目标是指一定时期内心理健康教育课程所要达到的预期结果。它是心理健康教育课程开展的出发点和归宿，规定着课程教学活动的方向，指导着课程教育的内容、方式、手段、评价的选择与运用。与其他传统课程相比，心理健康教育课程还处于起始阶段，并没有形成统一系统的课程目标，存在许多分歧。如课程目标混乱，从高校间到高校内不同教师间等多个层面上均存在一些分歧；课程目标与心理健康教育目标界限不清，相互等同；课程目标缺乏可操作性，仍停留在一般目标的描述性层面等。课程教学是高校开展大学生心理健康教育的主要途径，课程目标的分歧与混乱对心理健康教育课程教学及其质量产生了不利影响，进而影响到大学生心理健康教育工作整体水平的提高。因此，对高校心理健康课程目标的定位及发展予以关注是大学生心理健康教育顺利发展的重要内容。

一是，心理健康教育课程目标与心理健康教育目标关系定位。心理健康教育课程目标与心理健康教育目标关系密切，却存在层次差异。心理健康教育目标是心理健康教育课程目标的上位概念，内涵较之后者更为丰富和宽泛，心理健康教育目标包含了心理健康教育课程目标；心理健康教育课程目标是心理健康教育目标在课程方面的具体表现，但它不能包括心理健康教育目标的所有内容。在实际运用时，人们常常不自觉地将其混淆。

二是，心理健康教育课程目标体系的层次构建。课程目标的混乱及可操作性缺乏与课程目标体系的层次构建不足紧密相关。一般情况下，对心理健康教育课程目标的阐释主要表现为"提高心理健康水平、培养良好心理素质、开发心理潜能，增强心理健康意识、促进心理健康"等描述性概括层面，这些提法作为心理健康教育的一般目标或心理健康教育课程的总体目标无可厚非，但怎样予以理解，在实际教学中如何运用和展现，却缺乏足够的具体性、操作性和层次性。心理健康教育课程目标是一个总概念，包括心理健康教育学科课程目标和活动课程目标以及隐性课程目标。心理健康教育课程目标的实现依赖于各种具体形式的课程目标的实现，各种课程目标的实现有赖于各个教学单元目标的实现，而各个教学单元目标的实现又有赖于各个具体课时目标的实现。由此可见，心理健康教育课程目标必然具有自身的层次结构。

值得注意的是，在当前心理健康教育课程目标取向上存在侧重理论化和侧重技能化两种错误的取向。侧重理论化，即过分关注对大学生心理健康教育知识理论素养的提高，对其实际问题的调适和解决能力有所忽略；侧重技能化，即过分强调心理健康教育课程教学的实践技能性目标，注重大学生应对当下各种心理问题的实践技能的提高，而忽视了对大学生心理健康理论素养的提升。对于心理健康教育课程而言，直接把情感、意志、个性等当作教学目标，关注的焦点虽然不在于大学生理论知识的多少与正误，但知为行之先导，行为知之外现。心理健康教育课程教学不仅要帮助大学生提高科学应对当前生活中可能遇到的各种心理冲突和心理问题的实际技能，而且还要使他们具备一定的关于身心发展及各种心理现象、心理问题的理论常识，服务于他们当前及未来的发展。因此，在心理健康教育课程目标价值取向上，应建构理论与技能相结合的课程教学目标。而心理健康教育的学科课程目标和活动课程目标，其实就是理论与技能相结合的价值取向的具体展现。

（三）大学生心理健康教育课程内容及方法的选择与运用

课程内容是课程目标的具体化与载体，心理健康教育课程目标要通过选择相应的课程内容来予以实现。在课程史上，主要有三种方式作为选择课程内容的依据：一是以人为尺度，即以人的兴趣、需要和人的社会生活为依据选择课程内容；二是以社会为尺度，结合社会的实际需要来选择课程内容；三是通过人与社会两者的辩证统一来选择。

心理健康教育课程不同于其他专业课程，不是向学生传授具体的理论知识和专业技能，而是帮助学生树立积极的健康观念，调适现实生活中遇到的心理困惑和矛盾，帮助他们更加有效地学习，更加快乐地生活，直接触及学生的"心灵"，因此，课程的内容一定要满足学生的兴趣和需要。一般来讲，学生心理健康发展的需要包括两个层次：一是发展性需要，即处在某一年龄阶段的大学生普遍存在的心理和行为发展上的需要；二是适应性需要，即大学生寻求对社会发展、人际关系、学习环境、生活变化的适应需求，以及由于特定环境或特殊事件的冲击和压力而产生的解除心理困境、渡过心理危机的需要。大学生适应性需要往往具有鲜明的时代性和社会性，个人的发展离不开社会，人要生存，就得适应社会。一方面，社会的发展给心理健康教育提出许多新的内容，现代社会的发展需要大学生培养和具备现代人格特征及心理品质；另一方面，当前大学生出现的许多心理困惑主要体现为社会适应的不足。因此，高校心理健康教育课程内容的选择在依据大学生兴趣需要的基础上，也应以社会的需要为依据。可见，心理健康教育课程是以直接满足学生维护和发展自身心理健康的需要，促进学生心理健康发展为目的，课程内容与学校其他课程内容表现出显著的区别，即其并非独立于学生生活之外的知识或理论体系，而是与学生学习生活、社会发展变化密切相关的各种理论知识、实践经验及生活事件；在其内容选择上既要贴近学生生活实际，根据学生生活和发展的逻辑选择和安排课程内容，又要以社会发展为尺度，坚持个人与社会的辩证统一。

高校心理健康教育课程教学方法的运用存在多种选择。其中，案例教学法比较受推崇。它既符合大学生具备一定知识层次、文化内涵、思维能力的理论素养和追求自主与个性的年龄特征，又符合高校心理健康教育课程追求大学生理论知识与实际技能并重的本质特性。

案例教学法起源于 19 世纪 20 年代，由美国哈佛商学院所倡导，其采取一种很独特的案例形式的教学，这些案例都是来自商业管理的真实情境或事件。通过此种方式，培养和发展学生主动参与课堂讨论。实施之后，颇具成效。

案例教学方法中有一个基本的假设前提，即学员能够通过对这些过程的研究与发现来进行学习，在必要的时候回忆出并应用这些知识与技能。案例教学法非常适合开发分析、综合及评估能力等高级智力技能。这些技能通常是管理者、医生和其他的专业人员所必需的，案例还可使受训者在个人对情况进行分析的基础上，提高承担具有不确定结果风险的能力。为使案例教学更有效，学习环境必须能为受训者提供案例准备及讨论案例分析结果的机会，必须安排受训者面对面地讨论或通过电子通信设施进行沟通。但是，学习者必须愿意并且能够分析案例，然后进行沟通并坚持自己的立场。这是由于受训者的参与度对案例分析的有效性具有至关重要的影响。

案例教学法是以学生对案例的分析讨论为中心的教学方法，其目的不在于单纯地寻找问题的答案，而在于寻找答案的思考过程。案例教学在高校心理健康教育课程教学中的应用，充分体现了心理健康教育课程的本质特性。

首先，案例教学体现了心理健康教育课程教学过程的开放性。教学过程的开放性体现在教师和学生双边交流活动之中。教师是开放教学过程中的活跃者，一方面，心理健康教育课程知识内容的选择从来就不是一成不变的，而是随着时代的发展而不断变化，不同案例的知识蕴含承载着特定的时代性问题展现；另一方面，在案例教学的师生互动中，学生处于活跃的动态过程中，凭借自己的个性、视野去衡量理解体验中的现实问题，可以在接受知识的同时，审视、评判、应用与转化已有的知识和结论。这样，案例教学为心理健康教育课堂创造一个高度自由开放的思维空间和实践空间。在这种相对开放的空间中，学生通过自己富有个性特征的审视批判，去理解和吸收知识，并创造性地把知识转变为自己的智慧和能力。

其次，案例教学体现了心理健康教育课程教学活动中的参与性。心理健康教育教学过程的参与性主要是指在教师的引导下，学生积极参与到教学过程中，并在参与的过程中促进理论知识提升、自我调适能力的增强、心理机能的提高等自我教育过程的实现。而案例教学模式的本质特征就是以学生为中心，以学生参与为形式，以周密的课堂教学设计为条件，以探究问题为手段，以思维训练为核心，以训练学生发现问题、思考问题、解决问题的能力为目的，以培养学生创新素质、创新精神和创新能力为基本价值取向。因此，案例教学是心理健康教育课程参与性特性的具体展现。

再次，案例教学蕴含着心理健康教育课程教学的体验性。美国知名的教育学家古德莱德将课程分为观念的课程、正式的课程、学校的课程、教学的课程和体验的课程等五种。他认为，在所有课程中最重要的课程是被内化和体验了的课程。心理健康教育课程应是一门体验性的生活课程，以学生为主体，以学科知识为基础，以精神感受为驱动，注重学生在教学过程中联系生活实际的心理感受、情感体验等心路历程，在大学生的课程体验中实现课程目标。案例教学则为学生提供了现实体验的模拟空间。典型案例往往取材于大学生学习生活的实际，由一个或几个问题组成，代表着某一类问题或现象的本质特征，大学生在对案例的解读和理解中很容易产生熟悉与亲近的感觉，由此自觉地进行案例提供的模拟现场体验，并在体验和总结中获取相关问题的感性知识、直接知识和实践知识。其实，个体心理品质的形成并非靠单纯的知识传授，也不靠简单地接受学习，它还是个体经历生活经验逐步积累、建构的过程，而案例教学则通过适当的案例展现赋予大学生对多种生活事件的经验和感悟。

最后，案例教学体现了心理健康教育教学活动中师生的主动性。心理健康教育过程实际上是师生互动的一种交往过程，必须摒弃传统教学模式中"我讲你听，我写你记，我说你做"，管制与被管制的师生交往状态，充分调动师生双方的主动性，在和谐平等积极主动的教学氛围中实现教学相长。主动性是学生受教育过程中十分重要的意识和行为，是学生在学习过程中表现出来的对学习的热情、兴趣和积极性。教师的主动性体现在如何灵活主动地处理好课堂教学，不固定于教材与教法的限制。在案例教学中，典型案例的选取与设计、案例分析的设置、学生讨论分析的组织、实例与理论的融合、案例启示性总结等，都是教师主动性教学的展示。大学生往往对发生在自己身边的事情十分关心，因此，一些贴近学生学习生活实际的典型案例的课堂运用，将引起学生心灵的共鸣，并能极大调动学生的兴趣与主动性，学生在融入问题、思考问题、提出问题、讨论问题和解决问题的过程中，由被动接受知识变为接受知识与运用知识、更新知识与探索知识并举，从而使学生对知识的广度和深度有新的开拓，并在案例思考和分析中进行一系列积极的创造性思维活动，主动性得以激发和彰显。

然而，对案例教学的推崇并不代表对学科理论知识传授的否定，案例教学法不能替代系统的理论学习和讲授。若要使案例教学充分发挥其功能，还需要足够的理论知识来支撑，在课时安排上兼顾理论讲授与案例教学的相融。其实，良好的案例教学本身就是心理健康教育学科课程理论知识传授与活动课程情感体验的融会与贯通。

三、大学生心理健康教育方式的发展

（一）开设心理健康教育课

高校开设心理健康教育课，充分发挥了课堂教学在大学生心理健康教育中的重要作用。开设与大学生心理健康教育有关的宣传普及和心理科学的基础知识课程，并列为学生选修课；周期性地举办各种形式的心理专题讲座和报告会，使大学生系统地了解自身心理发展的变化规律，了解心理卫生的一般知识及保持心理健康、提高心理素质的途径和方法；在思想道德修养课中，将有关心理健康教育的内容安排进去。

（二）建立学生心理档案

有的高校对刚入学的新生进行心理健康状况的普查，采集的数据信息经整合和统计后，再建立特殊学生群体的心理档案库，有的放矢地对心理问题较严重的学生进行跟踪、咨询和治疗。这样，有助于高校的教育管理者及早地干预，从而避免了一些惨剧和极端事件的发生。

（三）建立心理健康专栏

有的高校充分利用学校广播、计算机网络、校刊校报、橱窗等开设心理健康专栏或专题节目。可利用这些传播媒介，向广大学生宣传心理卫生知识，或是选择一些典型的心理问题在报刊、广播或橱窗中讨论或请专家给予答复；利用网络，还可以开设心理健康交流的论坛，结合一些问题进行讨论、引导、答复，及时发现学生思想的动态发展。

（四）开展心理咨询

由学校专门的心理辅导或咨询机构进行。展开心理咨询，可以采用多种方式方法。对有心理问题需要帮助的学生，可以采用个别咨询或门诊咨询；对学校中存在一些共同问题的学生，可以开展团体咨询；针对部分不愿到心理咨询机构求助的学生，设立心理咨询信箱，进行书信咨询，也可以利用网络，开展网络咨询。另外，心理咨询机构还可在一定时期，深入学生，开展现场咨询，如在新生进校、重要考试之前等。

（五）加强教职工心理健康知识的培训

心理健康教育工作是学校德育工作的重要组成部分，需要全体教职工参与，并以此保持心理健康教育的一致性、渗透性和连续性。一方面，学校要积极开展对从事大学生心理健康教育工作专、兼职教师的培训，以此不断提高他们从事心理健康教育工作所必备的理论水平、专业知识和技能，使其成长为学校心理健康教育工作的骨干。另一方面，还要重视对班主任、辅导员，以及其他从事学生思想政治工作的干部、教师进行有关心理健康方面内容的业务培训。

（六）开展心理健康教育活动

心理来源于实践，实践也将促进心理的发展。对学生有针对性地开展各种心理健康教育活动，可以让他们在实践中调整自己的心理行为，达到促进心理健康，提高心理素质的目的。多开展社会实践与调查、学术交流、科技服务、电影展播、心理沙龙、实践训练、心理游戏等，不仅能使大学生在"玩"的过程中增长才智，发挥特长，还可以激发参与意识和兴趣、缓解紧张情绪、调整心态，更快乐、健康地成长与成才。

四、运用新媒介开展大学生心理健康教育

大学生的心理问题与新媒体的发展有非常重要的联系。因此，在开展大学生心理健康教育工作时，要积极结合新媒体技术，全面促进大学生心理健康教育工作的开展。

（一）运用新媒体思维，设计心理工作平台

之前的大学生健康教育工作仅局限于课堂及心理咨询室之间，由于时间和空间的限制，阻碍了心理健康教育的有效性。但是随着新媒体时代的发展，大学生的生活、娱乐以及学习大多依赖网络，因此，在心理健康教育工作开展的过程中也要积极利用新媒体技术，开拓新的网络工作平台。在新的大学生心理健康教育工作中，首先可以利用网络，推广心理健康教育知识。教师可以通过新媒体等网络平台与学生互动，加强师生联系，在和谐的氛围中使学生更好地接受心理健康知识。其次，高校心理咨询教师也可通过校园论坛、贴吧等形式，加强与学生的互动，主动与学生交流，谈论一些大学生存在的共性问题，为大学生解答思想与精神上的困惑。同时，也可以通过 QQ、微信等社交软件，为学生提供一对一的咨询服务，在保护学生隐私的情况下，可使学生畅所欲言。最后，高校心理健康教师也可创建一些网络体验游戏。在体验游戏中，学生的压力得以舒缓，消除大学生心理疾病的隐患。

（二）发挥新媒体优势，把握网络舆论导向

完善网络舆论引导监督机制，通过加强校园网络监督管理，把握大学生的思想动态和心理健康状况，对大学生所存在的心理健康问题做到及时发现，从而有针对性地开展分析、引导和教育工作。具体来讲，重点把握以下两点：第一，强化舆论引导。加强对大学生的思想引领，帮助大学生树立正确的世界观、人生观和价值观。第二，加强治理管控。网络的开放性和虚拟性，为虚假和不良信息的肆意传播提供了条件，为了保持网络环境的洁净，必须设立网络监督巡查制度，

及时有效地控制不良信息的传播，以免误导大学生，使大学生保持正确的舆论认知。

（三）引入新媒体技术，创新课堂教学模式

在新媒体环境下，大学心理健康教育课程可以积极地进行变革，利用"网络慕课"的形式开展有针对性的教学。例如，开展针对人际交往、学习压力、求职、感情等方面的课程，通过简洁的慕课形式，向大学生传授心理健康知识，提升大学生心理调节能力。这种简单、短小的慕课教学形式，有利于提高学生学习的积极性，使大学生更加易于接受，从另一层面上讲也提高教学效率。同时，心理辅导老师也可以开通"微博"，通过网络平台，加强学生与辅导老师之间的交流，及时解决学生存在的心理问题。

（四）提升新媒体应用能力，加强队伍建设

随着信息技术的不断发展，网络技术的大力普及，对大学生心理健康教育队伍提出了更高的要求，以适应新媒体时代的发展。各大高校的心理健康教育队伍不仅需要拥有专业的心理知识，还需要具备熟练应用新媒体的能力。高校可以组织专门的培训，提高心理健康教育工作者的综合素质，使其能够熟练地应用新媒体平台开展心理健康工作。例如，通过新媒体平台，传播心理健康教育工作内容，实现线上与线下的相互配合，实现对大学生的全面辅导，切实提高健康教育的工作效率。大学生健康教育工作的开展，离不开高素质健康教育工作队伍的扶持，在新媒体的发展背景下，务必保证专业技术和信息技术的结合。

第三章　大学生自我意识

第一节　自我意识概述

大学生自我意识的发展状况，在其人格形成和人格结构中占有极其重要的地位。大学生只有比较客观准确地认识自我和了解自我，并对自己持有一种接受和开放的态度，才有可能发掘出自己的潜能，幸福快乐地生活，才有可能保持心理健康。

一、自我意识的概念与结构

（一）自我意识的概念

自我意识是意识的一种形式，是意识的核心部分，是个体在社会实践中对自己存在的觉察，即自己认识自我的一切。自我意识包括三个层次，自我的生理状况、心理特征、人际关系。简而言之，自我意识就是指个体对自己及自己与周围环境关系的认识，包括对自己存在的认识，以及对个体身体、心理、社会特征等方面的认识。这种认识是一个多层次、多维度的心理系统，是通过观察、分析外部活动及情境、社会比较等途径获得的。

自我意识是一种特殊的认知过程，认知的主体和客体都是自身（英语中的自身"Self"，既包括主我"I"，也包括客我"Me"），因此，自我意识是主我对客我进行认识，并按照社会的要求对客我进行调控。自我意识是人的心理区别于动物所特有的，是人的意识发展的高级阶段和本质特征。

（二）自我意识的结构

（1）从意识活动的内容来看，自我意识可以分为生理自我、社会自我和心理自我。

生理自我是个体对自己的身体和生理状况等的意识。

社会自我是个体对自己在社会关系和人际关系中的角色、地位、作用、权利和义务等的意识。

心理自我是个体对自己的心理和行为特征的意识，如对气质、性格、能力、兴趣、态度、理想、心理状态和行为表现等的意识。

（2）从意识活动的形式来看，自我意识表现为具有认知的、情绪的和意志的三种形式。

属于认知形式的自我意识有：自我感觉、自我观察、自我概念、自我印象、自我分析和自我评价等，可以统称为"自我认知"。

属于情绪形式的自我意识有：自我感受、自爱、自尊、自恃、自卑、自傲、责任感、优越感等，可以统称为"自我体验"，以体验的形式表现出个人对自己是否悦纳的情绪。

属于意志形式的自我意识有：自立、自主、自制、自强、自卫、自信等，可以统称为"自我调节"。

自我意识的这三种形式联系在一起，凝聚在一起，形成了个人对自己自觉的观念系统。这个系统是由自我认知、自我体验和自我调节三个子系统构成。因此，自我意识也叫自我调节系统。

自我认识是自我意识的认知成分。它是自我意识的首要成分，也是自我调节控制的心理基础，它又包括自我感觉、自我概念、自我观察、自我分析和自我评价。自我分析是在自我观察的基础上对自身状况的反思。自我评价是对自己能力、品德、行为等方面社会价值的评估，它最能代表一个人自我认识的水平。

自我体验是自我意识在情感方面的表现。自尊心、自信心是自我体验的具体内容。自尊心是指个体在社会比较过程中所获得的有关自我价值的积极评价与体验；自信心是对自己的能力是否适合所承担的任务而产生的自我体验。

自我调节是自我意识的意志成分。自我调节主要表现为个人对自己的行为、活动和态度的调控，它包括自我检查、自我监督、自我控制。自我检查是主体在头脑中将自己的活动结果与活动目的加以比较和对照的过程；自我监督是一个人以其良心或内在的行为准则对自己的言行实行监督的过程；自我控制是主体对自身心理与行为的主动掌握。自我调节是自我意识中直接作用于个体行为的环节，它是一个人自我教育、自我发展的重要机制，自我调节的实现是自我意识的能动性质的表现。自我意识的调节作用表现为：启动或制止行为；心理活动的转移；心理过程的加速或减速；积极性的加强或减弱；动机的协调；根据所拟订的计划监督检查行动；动作的协调一致等。

（3）从存在方式看，自我意识可分为现实自我、投射自我和理想自我。

现实自我是对自己目前的实际状况的看法，是个体对自己的现实观感。

投射自我是个体想象自己在他人心目中的形象，是由想象他人对自己的评价而产生的自我观感。

理想自我是个体想要达到的完善的自我形象，是个体追求的目标。

若投射自我和现实自我的差距过大，个体会感到自己不被别人理解；若理想自我和现实自我的差距过大，个体会丧失追求自我完善的勇气。这三种类型自我之间的距离和冲突，是导致某些心理问题产生的原因。

二、自我意识发展的模式及其特征

（一）自我意识发展的模式

自我意识发展的模式不是直线式地前进，而是螺旋式地上升，即自我意识的发展呈现出：自我分化、自我矛盾、自我统一再到新一轮的自我发展的过程。

1. 自我分化

个体进入青春期后，开始清晰地意识到自己的内心世界的存在。因此，笼统的自我分化为主我和客我。主我是处于观察地位的"我"，是理想自我；客我是处于被观察地位的"我"，是现实自我。正是这种分化过程，促进了个体成为思维和行为的主体，从而为客观地评价他人和自己、合理地调节自己的心理活动和行为奠定了基础。这一时期，可观察到个体有较多的自我观察和自我沉思行为，如写日记和与朋友倾心交谈等。

2. 自我矛盾

随着自我的分化，个体会发现理想自我和现实自我之间往往有较大的差距。于是，产生内心冲突，引发不安甚至痛苦的体验。这一时期，可观察到个体对自己的评价具有矛盾性、对自我的态度具有波动性。如时而过高评价自己，认为自己很行、很成熟，并因此极为自豪或自信；时而又过低评价自己，认为自己很差、很幼稚，并因此极为自卑。自我体验的情绪变化幅度非常大、频率非常高，但这种现象是自我意识发展过程中不可避免的，是正常的。

3. 自我统一

一般地，个体在经过一段时间的自我矛盾冲突后，自我意识会在新的水平和方向上协调一致，达到自我统一。要达到自我统一，需要个体从现实自我出发，修正理想自我；努力改善现实自我，有效地控制自我。因此，它既不是放弃理想自我，迁就现实自我，也不是扭曲现实自我，只顾理想自我；它不仅包括认识自我，还包括体验自我和控制自我。总之，自我统一应该是积极的、健康的统一。当然，由于个体情况各异，也可能出现自我的消极的、不健康的统一，指个体放弃了理想自我或现实自我而达到的虚假统一。虚假的自我统一的现象在青年中也有一定的比例，实际上他们还处于自我矛盾中。

（二）自我意识的特征

自我意识是人对自己身心状态及对自己同客观世界的关系的意识。从这一定义来看，自我意识包括以下三个层次：一是对自己及状态的认识；二是对自己肢体活动状态的认识；三是对自己思维、情感、意志等心理活动的认识。自我意识不仅是人脑对个体自身状态的认识和反映，同时，人的发展也与周围环境密切相关，特别是人与人之间的相互联系也始终制约和影响着个体的发展，所以，人与周围环境之间的关系也是自我意识所觉察和反应的重要内容。

自我意识是人格中具有调节作用的子系统。它具有一些本质的特点，如个体性、社会性、能动性、同一性等。

1. 个体性

是指自我意识是在个体身上发生、发展的；自我意识是以系统的、完整的形式存在的；每个人的自我意识存在个体差异。也就是说，每个个体秉承着遗传天赋，在后天环境的影响下，通过与周围人的相互作用，逐渐形成了自我意识这一具有相对独立性的自我认识和自我调控的人格子系统。

2. 社会性

是指从人类社会来看，自我意识是随着人类的进化、社会的分工等社会发展而产生的具有社会性、群体性的人类反思系统；从个体发展来看，自我意识的发生和发展是社会化的过程，是个体内化、整合别人对自己的态度和评价而产生的心理模式。

自我意识的个体性和社会性是统一的。自我既要努力成为社会中独特的一个，也要力争融入社会，成为其中和谐的一个。

3. 能动性

是指自我意识是独立的、完整的，能够成为个体自身心理活动和行为的调控系统，能动地指引和确定个体行为的方向，协调个体和环境的关系；自我意识不仅能够适应世界，而且能够自觉地创造世界，并创造自己。

4. 同一性

是指虽然随着时间的推移和环境的变化，自我意识是不断变化和发展的，但是，个体在工作态度、生活方式等方面会表现出跨时间和跨情境的一致性，从而反映出支配它们的自我意识的始终一贯性。自我意识是自我形成与转化的形式，是一个动态的过程，真正的自我同一性是个体在与环境的互动中，不断将外在的评价转化为内在的认识，将理想自我与现实自我相结合所达到的。

自我意识，是从周围人们的期待与评价自己的过程中由主观体验而发展起来的，自己觉察到对方态度与言语中所包含的内容，于是，就丰富了自我意识的内容并发生分化，从人们对自己情感与评价的意识发展为自我态度。柯里（1902）把自我意识这一侧面称为"自我形象"。所谓"自我形象"，就是自己了解自己的一切，自己对自己的认识，就像自己站在镜子面前看到自己的一切一样。这面镜子就是社会上其他人对自己的认识和评价。柯里指出，人与人之间相互可以作为镜子，都能照出他面前的人的形象。柯里认为，自我意识的形象包括三个因素：①关于被他人看到自己的姿态的自我觉察。②关于他人对自己所作的评价与判断的自我想象。③关于对自己怀有的某种感情——自尊或自卑。

三、自我意识的作用

（一）自我意识中的两个重要成分——自尊心与自信心对个人行为产生重大的影响

1. 自尊心的作用

自尊心是自我意识的一个重要成分。自尊心就是尊重自己的人格，尊重自己的荣誉，不向别人卑躬屈膝，不容别人歧视侮辱，维护自我尊严的自我情感体验。所以，自尊心也称为自爱心。一个人如果缺乏自尊心，则任何批评与表扬都起不了作用。与自尊心密切相关的是羞耻心。羞耻心总是和上进心、荣誉感联系在一起。羞耻心，就是指由于发现自己在认识上、行为上的不足、缺点和错误而感受到羞愧，受到别人侮辱而感到愤懑。"羞耻之心人皆有之"，羞耻心是产生自尊心的基础，没有羞耻心的人，也缺乏自尊心。羞耻心对人的进步与成长有很大关系，一个人如果有了缺点与错误，不以为耻，反以为荣，那么他就无法进步。有自尊心与羞耻心的人，总是有争先进、争上游，不达目的不罢休的好胜心，他们不甘心落后，自觉而主动地遵守纪律，做好本职工作，抓好自身学习，创造性地完成任务。所以说，自尊心与羞耻心是推动人们不断前进的一种动力，是自我意识中重要的可贵品质。

2. 自信心的作用

自信心，是对自己力量的充分估计，它也是自我意识的重要成分。居里夫人有句名言：我们应该有恒心，尤其要有自信心。自信心是人们成长与成才不可缺少的一种重要的心理品质。一个人如果很自卑，看不到自己的力量，总是认为自己不行，做不好工作，搞不好学习，久而久之会形成一种固定的心理定式，对于工作与学习将会带来消极的影响。教育家苏霍姆林斯基说过："不能容许学校里总有一批学生，他们感到自己没有学好，认为自己干什么都不行。"他认为，对学习困难的学生，教师必须使他们建立信心。

（二）自我意识对态度转变的作用

自我意识对个人态度的转变有一定的影响。人们的态度不是一成不变的，它随着客观的要求而发生变化。一个人态度是否发生变化，因素十分复杂。其中，自我意识对态度变化起着重要的推动或阻碍作用。

（三）自我意识具有自我控制的功能

个人的自我意识具有自我控制的功能，能控制自己的行为与态度。当客观上要求人们改变其原有的态度时，人们往往不愿意去改变。而不改变其原先的态度又会受到社会舆论的压力，使自己有失"面子"。为此，要求自己服从或顺从社会舆论，声称或表现自己的态度已经转变，其实依然"故我"。自我意识的自我控制现象，在生活中比较普遍。

四、形成正确自我意识的心理意义

一个人的心理发展历程一般都要经历从幼稚到成熟的过程。形成正确的自我意识是心理成熟的标志，对心理健康起着重要作用。

1. 促进社会适应，和谐人际关系

大量的心理学实践证明，如果一个人对生理的自我、心理的自我和社会的自我认识与体验不正确，尤其是在自我评价及自我概念上与客观的现实差距太大时，就可造成社会适应不良和人际关系不协调，从而影响人的心理健康。正确的自我意识通过正确的自我评价产生合理的理想自我，并且通过正确地认识自己与他人、个体与群体双方不同的地位和需要，采取不同的策略，主动调节人际关系，从而保持良好的社会适应和人际关系，维护心理健康。

2. 促进自我实现，创造最佳心理质量

健全的自我意识通过合理的自我认识、良好的自我体验、自觉的自我调节和控制，从而促进自我实现，最大限度地挖掘自身心理潜力。按照心理学家马斯洛的观点：自我实现是心理最健康和心理质量最佳的标志。

3. 有助于自我教育和自我完善

当现实的自我和理想的自我不能统一，或在理想的自我实现过程中受到挫折时，有健全自我意识的人能够自省，自觉地寻找其原因。一方面通过自我调节、控制，纠正心理偏差，努力缩小理想的自我与现实的自我的差距；另一方面重新

调整认识，形成新的"理想自我"的内容，使自己的心理行为个体化与社会化协调、平衡、完善发展。

第二节　大学生自我意识的发展

一、个体自我意识的发展

自我意识不是天生就有的，它作为一种个体对自己的反思，比认识外部世界更为复杂。心理学认为，自我意识从发生、发展到相对稳定和成熟，需要20多年的时间。个体自我意识的发展水平，受到其语言能力和思维能力的影响，二者基本上是平行对应的。

1. 自我中心时期（出生～3岁）

人刚出生时，处于主客体未分化的状态。例如，不能区分自己的手指和母亲的乳头、自己的手臂和玩具等。至七八个月，婴儿开始产生自我意识的萌芽，即能意识到自己的身体和外部世界的边界，听到别人叫自己的名字，会知道是在叫自己。至2岁左右，儿童掌握了人称代词"我"，会用"我"来表达自己的意愿，这是自我意识产生的重要标志。至3岁左右，儿童开始出现羞耻感、占有心和独立意愿，自我意识有了新的发展。但这一时期的幼儿是以自己的身体为中心，并以自己的想法和情绪来认识、投射外部世界，即他们能够分清"我"与"非我"，却分不清我与物之间的关系，因此，客观认识带有强烈的主观性，被认为是生理自我时期，也叫自我中心时期。

2. 客观化时期（3岁～青春期）

从3岁到青春期是个体接受社会文化、学习社会角色的重要时期。儿童在家庭、幼儿园和学校，通过游戏、学习和生产劳动等方式，逐步掌握了社会规范，形成了各种角色观念，并能有意识地调控自己的心理和行为。在这一时期，儿童通过练习、模仿和认同作用，学会了性别角色、家庭角色和同伴角色等各种角色。虽然这一时期青少年开始积极关注自己的内部世界，能够初步意识到自己的兴趣爱好和气质性格等，并具有一定的自主性和自信心等，但是他们主要是根据他人的观点去认识世界，并根据他人对自己的评价来评价自我。因此，这个时期被认为是社会自我发展阶段，也叫客观化时期。

3. 主观化时期（青春期～成年）

从青春期到成年的大约 10 年里，是个体的自我意识迅速发展并趋向成熟的关键期。这一时期个体性的成熟和逻辑思维的快速发展等，促使自我意识有了质的变化。由于面临"自我同一性"的危机，即理想自我和现实自我之间出现分化和矛盾，促使他们去解决矛盾、追求自我意识的统一。

总的来说，这一时期个体的自我意识发展呈现出如下特点：个体能从自己的观点出发来认识事物，而不是人云亦云，思想和行为带有浓厚的个人主观色彩；个体能根据自己所认识的人的特点，如气质性格和身体特征等，强调相应事物的重要性，从而形成自己特有的价值体系；个体能追求理想目标，出现了理想自我；个体的抽象思维能力大大提高，使自我意识能超越具体的情境，进入精神领域，从而表现出对哲学、伦理学和文学等探讨人生问题的学科的兴趣。

二、大学生自我意识的特点

（一）自我认识具有自觉性和理性

进入大学校园，大学生发现生活和学习的天地变得开阔了。他们摆脱了父母的约束，和同学住在集体宿舍里，基本上可以自由自在地生活，如想吃什么就吃什么，不必太顾及营养；想几点睡觉就几点睡觉，只要不耽误上课；想怎么穿就怎么穿，不必太中规中矩等。他们摆脱了高考指挥棒的限制，不必紧盯着几本枯燥的课本。大学里除了开设专业课程，还开设了公共必修课程和内容丰富的各类选修课程，基本上可以满足大学生对知识的需求。大学里同学之间交流内容较广泛，再加上方便的上网条件，使他们对各种社会事件和文化信息都能及时了解。如此自由、宽松的生活和学习条件，让大学生更迫切地反思自己，力图把握自己的人生方向。他们会经常追问自己："我是谁""我为什么是这样的人""我可能和应该成为什么样的人""在社会大舞台上，我扮演什么角色""我能为社会做些什么""我今后该怎么办"等。

因此，大学生在自我认识上更加主动自觉，并更加理论化和理性化。他们不仅经常对"我是谁"之类的问题进行深入地、独立地思考，而且还热衷于就此类问题与同学交流。例如，与同学争论人生目的的问题，或向同学倾诉自己的人生经历和体会。他们经常暗中观察周围的同学，根据与别人的比较和别人对自己的评价力图更客观地认识和评价自己。大学生常常会对哲学、伦理学和道德修养等课程表现出较浓厚的兴趣，原因是这些学科会系统地探讨人生的意义，并锻炼人的理性的思维方式。大学生也对文学艺术感兴趣，因为它们提供了人生是怎样的范例，并启迪他们对人生的深层次的思考。大学生还经常参照现实生活中自己景仰的老师和成人，参照书本或媒介中宣传的学者、名人和模范等的榜样，通过和他们认同，将他们的品质内化为自己的人格特征。

（二）自我评价能力在增强，但仍具片面性

自我评价是个体对自我所作的判断，是自我意识的核心部分。经观察发现，大学生自我评价与老师、家长和同学对其评价之间呈显著的相关，并且自我评价能力有随着年级的上升而增高的趋势。

但是，大学生要能客观有效地评价自我并非易事，其自我评价仍具有片面性。主要有两种倾向：一是高估自己，二是低估自己。经观察，大多数大学生喜欢高估自己，这主要是因为他们自尊心和优越感强，富于自我想象，以对自己目前和未来状况的美好想象代替现实；在与别人比较时，倾向于以己之长比他人之短，从而自信心过强。部分大学生则低估自己，这主要是因为他们自我期望偏高，以致难以实现，导致对现实自我的不满；无法正确看待社会竞争激烈的事实，导致对自我现状和未来的焦虑；社会适应能力不强，而自尊心过强，极易受到挫折，导致自信心下降。

（三）大学生的自我同一性发展状况各异

根据美国著名心理学家埃里克森人格发展渐成理论，青少年阶段面临的核心任务是能发展出自我同一性。自我同一性的含义是个体对自己的身心特点，如能力、兴趣、理想、价值观、性格特征、交友方式和职业发展等的认识和认可。该时期的成长危险是自我同一性的混乱。意思是个体对自我的认识和发展产生困惑和迷茫，理想自我和现实自我之间存在激烈的矛盾冲突，两者不能实现积极的、

健康的统一，导致其不能确定自我形象和人生目标、情绪体验为焦虑、痛苦，严重者甚至导致人格障碍和精神疾病。

大学生处在青年中期，他们在自我同一性的探索中主要是确定"我到底是什么人"，并且达到"这就是我"的自我认同。参照美国心理学家马萨关于青少年同一性的分类方式，我们来论述我国大学生自我同一性的发展状况。我国大学生自我同一性的发展状况也可以分为四种类型。

1. 达成型

这类大学生能做到较客观地认识和认可自我。因为他们能从现实自我出发，修正和追求理想自我，并控制、完善现实自我，这在一定程度上实现了现实自我和理想自我的积极的、健康的统一。他们的自我同一性已经达成。这类大学生一般具有许多优良的性格特点，善于独立思考、富于好奇心、具有刻苦钻研的精神、幽默大度和耐挫折能力强。例如，某大学生从小父母就比较注意锻炼他的独立思考问题的精神，并引导他树立远大的理想，一步一个脚印地朝着目标奋斗。结果该生自上小学以来，基本上一直保持着昂扬的学习斗志，并在德、体和劳等方面也得到了较全面的锻炼和发展。他考入某名牌大学后，又在老师的帮助引导下，较快地确立了自己的事业目标，并通过勤奋努力，取得了较好的成绩。该大学生的人格发展比较健全，其之所以能较早达成自我同一性，归功于父母、老师的正确要求、引导和帮助，以及他自身的积极努力。

受主观和客观条件的限制，目前这种类型的学生在大学生中占少数。大多数的大学生仍处在探索和发展其自我同一性的过程中。

2. 早定型

这类大学生从小是听父母话的"乖孩子"，在学校中则是听老师话的"好学生"。他们习惯于放弃自己的独立自主性，完全内化家长和老师的价值观，根据他们的评价来评价自己，并完全按照家长和老师对自己未来的设计来确定自己的人生方向。这类大学生固然可以免除在自我确认和自我探索中的痛苦思考。但是，早定实际上并非好事。因为这种类型的大学生所达到自我认识和自我认可不是基于自己的独立思考与探索得出来的。当外界条件不顺利时，他们的自我认识就会变得模糊不清，也无法再达到自我认可。例如，某大学生从小就很听父母和老师的话，按照他们对他的设计顺利地考上了某名牌大学的某个专业。但进入大学后，却越来越发现自己并不像他们认为的那样，具有在该专业上发展的巨大潜力，而且，自己远非像他们评价的那样具有完美的品质，如聪明、坚强、乐观和独立等，由此他对"我究竟是怎样的人"和"我的前途会怎样"产生困惑和怀疑，甚至导致学业成绩严重倒退，而不得不申请退学。

现在很多大学生都是独生子女，父母出于对孩子的溺爱和害怕孩子在社会上吃亏的心理，在物质上尽可能地满足他们的各种需要，使他们在精神上完全依附自己，导致他们缺乏独立性。再加上现在的幼儿教育、基础教育，乃至高中教育，缺乏对学生的健全人格的培养，而是片面地强调学生要听话，循规蹈矩，也使得不少学生形成了胆小怕事、缺乏自主性和创造性的平庸性格。鉴于以上情况，早定型的学生在大学生总数中占有一定的比例。

3. 延缓型

这类大学生在上中学时只顾埋头读书，对自我思考较少。进入大学以后，才发现生活和学习的天地很宽广，课程学习只是一部分，其他同学会把相当多的精力用在学习其他的有用的知识、了解社会、相互交往和娱乐休闲等方面。因此，在丰富多彩的大学生活里，他们才开始反思"我究竟是怎样的人"和"我为什么是这样的人"等问题。在这样的反思中，他们常常为自己只会学习、不懂生活而自觉自己是个枯燥乏味的人，并且还很可能发现自己即使在学习方面也不是出类拔萃的，因此而深感自卑自责。一些人经过痛苦的自我确认，逐渐发现了自己的特点和前进的方向，找到了理想自我和现实自我结合的最佳点，从而对未来充满了信心。而另一些人还处在自我探索的困惑中，暂时无法找到理想自我和现实自我结合的交点，为此深感不安和痛苦。对这部分人应给予安慰和鼓励，因为只要没有放弃对自我的反思和追寻，就一定会逐步实现自我同一性。例如，某大学生从小在极单纯的家庭环境下长大，父母对他的要求只是读好书。该大学生逐渐养成了善良天真而沉默的个性。进入大学后，他起初不能适应大学里同学之间较为复杂的人际关系，只好把自己封闭起来，刻意回避与人交往；相比于许多同学表现出的学习之外的多种兴趣和多才多艺，他感到自己一无是处，很自卑。后来，在班主任和班干部的耐心开导下，他逐渐融入了班级，也能积极参加学院、学校的各种社团活动。经过一年多的努力，他逐渐克服了自我确认的困惑，发现自己其实比较愿意与人打交道、能善解人意、口才也较好，而且这些性格特征和能力也恰好非常适合自己所学的专业，为此，他对自己的未来信心倍增。

由于现行的教育还是强调智育，对全面发展未给予足够的重视，所以，延缓型的学生在大学生总数中仅占一定的比例。

4. 迷惘型

这种类型的大学生对现实自我不满，又认为理想自我难以实现，因此陷入了对自我确认的困惑之中。他们往往表现出对一切事物或活动都心灰意懒，如因为害怕别人知道自己内心的困惑和苦恼会嘲笑自己，或认为别人根本无法理解自己和帮助自己，所以就把自己的内心封闭起来，很少与别人倾心交流；因为无法确定明确的学习目标或学习的知识对自己未来的意义，所以对学习不感兴趣，敷衍了事；因为觉得自己心境不佳，根本无法投入进娱乐活动，或者觉得这些活动没有什么意义，所以对此不感兴趣，较少参加，或参加了也没法得到快乐；等等。

迷惘型的大学生内心仍然有理想，但因为不能从现实出发，所以难以将理想和现实很好地结合起来，从而在现实中屡屡有挫败感。因为迷惘型的大学生尚处在向成年期过渡的心理未成熟阶段，所以，他们在认识现实自我上容易因一时的挫折而否定自己，也容易因富于想象力而使理想自我变得遥不可及，这些问题一般会随着他们年龄的增长、知识经验的增多而在一定程度上得到好转。在大学阶段里，如果老师和同学对他们给予积极关注，适当引导，可以更快地帮助他们走出自我困惑的怪圈。目前，这种类型的学生在大学生总数中也占有相当的比例。

（四）大学生自我意识发展的矛盾性

矛盾性是大学生自我意识发展的一个最突出的特点。这种矛盾性从心理上看根源于他们的心理尚处于从不成熟向成熟的过渡期，从社会上看则根源于他们尚未真正走向社会，缺乏社会生活经验，尚未取得独立的社会地位和经济地位。大学生自我意识发展的矛盾性表现在许多方面，最主要的是：理想自我与现实自我的矛盾、交往需要与闭锁需要的矛盾、独立性与依附性的矛盾，以及自尊心和自卑感的矛盾。除此之外，还有追求成功与避免失败的矛盾、求知欲强而识别力低的矛盾、情感与理智的矛盾和对异性的向往与害怕的矛盾等。下面只探讨四个主要矛盾。

1. 理想自我与现实自我的矛盾

大学生的抽象逻辑思维能力已发展到高峰，加之他们的情绪体验十分深刻和丰富，导致他们对自己的未来具有丰富的想象力。但是，他们又不得不面对自己的现实状况。譬如，学习成绩不尽如人意、体魄不够强健和社会交往技巧较差等。由于大学生是以群体的形式在大学校园里共同生活和学习，他们远离家长的管束，在一定程度上也较少受学校的约束，所以他们相互之间的影响力很大，这主要表现在：情绪上容易相互感染、行为上相互模仿、认识上相互传播，这在一定程度上容易使他们的理想自我更加远离现实，加重理想自我和现实自我之间的矛盾冲突。例如，大学生之间常就一些社会热点问题加以讨论，但由于他们对现实的批判往往过于简单、片面，他们从理想化的角度提出的解决方案常常难以引起社会关注，从而加重了他们的失落感。需要注意的是，理想自我与现实自我之间的矛盾对大学生心理的影响是双向的：一方面，它给大学生带来了困惑和苦恼；另一方面，它为大学生的成长提供了动力和方向。在大学阶段，理想自我与现实自我之间的矛盾冲突是不可避免的，大学生要借此锻炼自己的心理承受力，重新认识和评价自己，寻找理想自我与现实自我的结合点。

2. 交往需要与闭锁需要的矛盾

根据马斯洛的需要层次理论，人在基本满足了生理需要和安全需要的基础上，会产生归属和爱的需要。大学生基本上可以满足前两种低层次的需要，所以，他们会受交往需要的支配，迫切地希望广交朋友，并能有几个知心朋友，大家彼此倾吐自己的心事，共同交流和探讨人生问题。但是，大学生又有强烈的封闭自己、与人隔绝的需要。这是因为他们的内心向往一种个人的、独特的、自由的状态，希望在这种状态下独自思考和体验人生。大学生如果不能恰当地处理好交往需要与闭锁需要之间的矛盾，就要么会感到自己被朋友占据了、毫无自我，从而萌生失落感；要么会感到没有朋友，从而产生孤独感。如果能恰当地处理好交往需要与闭锁需要之间的矛盾，则既能用友情抵御住孤独，又能守住自我内心世界那份独特和宁静。要做到这一点，关键在于：大学生与同学交往要真诚，即敞开心扉，切忌说假话骗人；对同学的困难要主动热情地关心，只有这样才能赢得同学的真情；保留交往的界限，即注意所交的人、场合和时间等因素，掌握好自我暴露的分寸。

3.独立性与依附性的矛盾

大学生既强烈地要求摆脱父母和老师的约束，独立自主地决定自己的生活、学习的方方面面，又仍在情感上和行为上对家庭、学校存在较大程度的依附。这是因为进入大学以后，大学生的独立意向迅速发展，他们已处于向成人角色的过渡时期；而由于缺乏社会生活经验，仍需要家庭的经济供给和与父母的感情深厚等原因，他们的依恋、依赖心理仍难以割舍。特别是对那些被父母过多保护、已经习惯于一切都依赖父母的大学生来说，独立性与依附性之间的矛盾会特别突出。要解决这个问题，关键在于：大学生要增强独立的意识；锻炼独立的能力；与父母和老师等建立并保持亲密的联系，但要逐渐增加关系的平等性质。

4.自尊感与自卑感的矛盾

自尊感是个体能悦纳自己，并尊重自己，对自己抱着肯定的态度；自卑感则是个体对自己不满，对自己持否定的态度。它们是自我体验中的两种相互对立的情感，但在大学生身上，两种情感经常交织在一起。一般来看，大学生的自尊感特别强。这与他们在中学时代相比于其他同学比较突出有关。而进入大学后，与其他同学重新比较，许多人会发现自己的优势不见了，从而感到焦虑、痛苦，自卑感强烈。另外，大学生在这一年龄阶段，往往对自己有着过高的接近于完美的要求，一旦发现自己存在某些不足，如容貌不是很突出、身材不是很健美、学习算不上拔尖、家庭背景谈不上显赫等，就容易夸大自己的不足，认为自己一无是处。要解决这一矛盾，关键在于：大学生要学会客观地评价自己的优点，增强自尊心，减少自傲情绪；学会客观地评价自己的不足，增加进取心，减少自卑情绪；不要盲目地与别人比较，增强自信心和耐挫折能力。

（五）自我塑造愿望强烈，主动性、自律性有所提高

对许多大学生来说，他们一旦意识到并认可了某种自我形象，就会产生强烈的自我塑造的愿望，并能够主动约束自己的行为。而且他们一般还会对自己身上的不足之处非常敏感，有非改之而后快的决心，并可能切实在行动上有所体现。这些与大学生追求自我的完善有关，是他们力图实现理想自我、控制现实自我的表现。在大学里，大学生可以汲取到广泛的知识，并结识性格各异、家庭背景不同，甚至文化背景也有差异的同学和朋友，这给他们提供了多个认识自我、评价

自我的参照系，激发了他们原来就有的自我塑造、自我完善的动机。大学集体的生活给了大学生更多的自由空间，对许多大学生来说，这会锻炼他们的自制力，并促进他们提高自控能力。但也有些大学生，在这更多的自由空间里失去了方向，变得意志消沉，行为懒散，缺乏自控力。还有极少部分的大学生抱着消极的宿命论，根本不相信自己改变自己的可能性。因此，要教育大学生客观地认识自己，并使他们了解改变自己的可能性和方式方法，促进他们积极地进行自我塑造，提高主动性和自律性。

三、大学生自我意识发展过程中存在的失误与缺陷

对我国大学生的自我意识问题，我国心理学家分别于20世纪80年代中期、90年代初期和中期进行过系统的科学研究。结果发现，我国当代大学生自我意识发展的总趋势是较好的，但理想自我和现实自我之间还存在着比较大的矛盾，具体表现为：自我意愿高而多，自觉行动低而少；自我认识较清楚，但自我调控能力相对落后；过分关注自我，过多考虑自己，过于看重自己，而对他人、集体、社会考虑较少。也就是说，受到大学生的心理尚未成熟等因素的影响，部分大学生在自我意识的发展过程中存在着一定的失误与缺陷。下面着重探讨几种比较典型的失误与缺陷。

1. 过分地以自我为中心

随着自我意识的发展，个体越来越多地关注自我，如果不能够摆正社会、集体和个人之间的关系，容易出现凡事从我出发，唯我独尊、自私自利的问题。大学生的自尊心、自信心和独立性等都较强，且未必牢固地确立正确的个人价值观，因此，更容易出现过分地以自我为中心的倾向。经观察发现，有一些大学生十分自私自利，不能站在同学的立场上替对方着想，人际关系很紧张。他们也容易因别人没有按照他们的意愿行事而责备别人，或与别人结下仇怨。当然，这些大学生不仅伤害了他人，而且伤害了自己。

2. 过分的自卑心理

自我意识发展到了一定阶段，个体越来越注意与他人比较，十分在意他人对自己的评价，并想象他人将如何评价自己，结果容易因过分敏感和不能正确认识自己的不足而导致过分地自卑。一定程度的自卑心理常常是有益的，可能促使个

体努力改进其不足。但过分的自卑则只会击垮一个人继续努力的信心和勇气，导致个体一蹶不振，最终一事无成。部分大学生在其发展自我意识的过程中，自卑心过重成为他们必须要克服的不利心理因素。

3. 过分的逆反心理

逆反心理是指个体对某些事情不论正确与否，一概简单排斥，并带有较大的情绪成分，甚至为反抗而反抗。一般地，适度的逆反心理是青少年自我意识发展到一定阶段所必然会出现的正常现象，而且客观上有益于他们的独立。所谓适度的逆反心理，是指逆反心理和行为表现的范围、强度、场合等较为适中，与其年龄阶段相符合。大学生由于处在向成年期的过渡期，容易出现认知片面、情绪偏激。他们在摆脱对父母和长辈的依赖走向独立的过程中，有时会因过于寻求自我肯定而有意、无意地把这些自己原来服从和尊敬的对象树立为自己的"敌人"，与之进行"斗争"。许多大学生借助对父母和长辈的一定的逆反心理的动力，培养了独立精神和各方面的能力。但是，如果逆反心理过强，则不利于个体的成长，需要进行心理矫正。

4. 过分的依赖心理

一般地，青少年适度的依赖性有利于他们和父母、长辈之间维系感情，并能为他们走向独立提供社会支持。但是，过分的依赖性却显然不利于青少年的成长。一些大学生对父母过分地依赖，这主要表现在：进大学要父母亲自送、上了大学要父母来照料自己，或者不愿与同学交流，却整天忙着给父母打电话，课程选择要父母定；花钱比较大手大脚，用完了只管向父母伸手，而自觉理所当然；恋爱的对象要父母定，或者恋爱中出现任何问题都向父母汇报，完全听父母的话；未来的职业选择要父母定，或者干脆把找工作的事情全权委托给父母，等等。大学生对父母过分地依赖将会导致他们自身人格发展的延迟和不健全。

5. 过分的情绪化

大学生处在向成年期的过渡阶段，他们的特点有情绪丰富、波动性大、敏感性大和情境性强等。也就是说，在一定意义上，大学生表现出理性缺乏、情绪的不太稳定或不太成熟是正常的。但是，大学生过分的情绪化，即表现为经常情绪大起大落、对他人的言行过分敏感，反应激烈、不顾时间场合地乱发脾气等，则是不健康的，需要矫正。这类大学生多是因为从小受到父母长辈的过分娇宠或被放任不管，所以形成了或任性或暴躁的性格；也有部分大学生是因为自尊心受到过伤害，所以不自信。大学生过分的情绪化，可能对他们的学习、交往和娱乐等生活的一切方面产生不良的影响。

第三节　大学生健康自我意识的培养

一、健康自我意识的评价标准

自我意识对人的心理健康起着非常重要的作用，它制约着人格的形成与发展，在人格的优化中发挥着强大的动力作用。一个人的心理发展历程，一般都要经历一个由稚嫩到成熟的过程。健康的自我意识是心理健康的重要标准，是人类自身内在的一种成功机制，在人才发展中发挥着重要作用。健康的自我意识有如下标准：

（1）一个有健康自我意识的人，应该是一个有自知之明的人，既知道自己的优势，也知道自己的劣势，能正确评价自我并引导自我健康发展，即一个能自我肯定、自我统合的人。

（2）一个有健康自我意识的人，应该是一个自我认知、自我体验和自我控制相协调统一的人。

（3）一个有健康自我意识的人，应该是一个独立，同时又与外界保持联系的人。

（4）一个有健康自我意识的人，应该是一个理想自我与现实自我统一的人，有积极的目标意识和内省意识，积极进取、永无止境。

（5）一个有健康自我意识的人，应该是一个心理健康的人，不仅自己心理健康发展，而且能促进周围的人共同进步。

二、完善大学生自我意识的途径

（一）正确认识自我，全面评价自我

自我意识的完善是一个长时间的自我认识、自我调整的过程。在这个过程中正确认识自我、全面评价自我，是自我意识完善的基本原则。在正确认识自我、全面评价自我的过程中，大学生应注意克服以下几种趋向：

1.过度的自我接受与过度的自我拒绝

所谓自我接受是指对自己的认可，对自身价值的肯定。合理的自我接受表现在对自己的才能和局限、长处和缺点能客观评价、坦然接受，不过多地抱怨和谴责自己。对自我的合理接受是心理健康的表现。相反，过度的自我接受就是过高地估计自我，对自己的肯定评价远超自己的实际水平。存有这种过度自我接受心理的大学生往往容易产生盲目乐观情绪，自以为是，不易处理好人际关系。过高评价自己还容易滋生骄傲情绪，或对自己提出过高要求，承担无法完成的任务和义务而导致失败。

所谓自我拒绝是指不喜欢自己，不能容忍自己的缺点和弱点，否定、抱怨、指责自己。过度的自我拒绝则是严重的、多方面的自我否定。事实上，许多大学生都有不同程度的自我拒绝，这可以促使他们不断地修正自己，但过度的自我拒绝则是严重低估自我引起的。过度自我拒绝的大学生往往看不到自己的价值，只看到或夸大自己的不足，感到自己什么都不如他人，处处低人一等，丧失信心，严重的还可能由自我否定发展为自我厌恶，甚至走向自我毁灭。过度自我拒绝会压抑人的积极性，限制对生活的憧憬和追求，易引起严重的情感损伤和内心冲突，给个人和社会都会带来损失。

2.过强的自尊心与过强的自卑感

自尊心、自信心、好胜心和独立感等都是大学生自我意识发展的主要表现。它是大学生要求自己的言行和人格得到尊重，维护自己一定荣誉和社会地位的一种自我意识倾向。大学生一般都比较好强、好胜、不甘落后。自尊心强的大学生对自己有信心，相信自己能克服缺点，取得进步。但过强的自尊心却与骄傲、自大等联系在一起。自尊心过强的大学生缺乏自我批评，而且也不允许别人批评，

回避、否认自己的缺点，缺乏自知能力，不能与人和谐相处，容易失败，也容易受伤害。

自卑感是对自己不满、否定的情感，往往是自尊心屡屡受挫的结果。大学校园是人才济济之地，有些人在某些方面曾有自卑的倾向和感受，也很正常。但有的学生过度自卑，斤斤计较于自己的缺点、不足和失误，结果因自卑而心虚胆怯，遇有挑战性场合就逃避退缩，不敢正视现实。自卑是大学生常见的一种不健康心理。

3. 自我中心和从众心理

大学阶段是人生自我意识发展最强烈的阶段，大学生往往愿意从自我的角度、标准去认识、评价他人与自己，容易出现以自我为中心的倾向。当这种倾向与某些不健康的思想意识和心理特征结合时，就会表现为过分的、扭曲的以自我为中心。以自我为中心的人凡事都从自我出发，不能设身处地地进行客观思考。为数不少的大学生往往以同学的导师或领袖身份出现，颐指气使，盛气凌人，处事总认为自己对、别人错，好把自己的意志强加于人，因而不易获得他人的好感和信任，人际关系多不和谐，行为做事难得到他人的帮助，易遭挫折。

与以自我为中心相反的另一种心态就是从众心理。从众心理人皆有之，但是过强的从众心理实际上是依赖反应。有过强的从众心理的学生，往往缺乏主见和独立意向，自己不思考或懒于思考，经常会"人云亦云"，遇到问题束手无策，结果导致自主性受阻，创造力受抑制。

4. 过分的独立意向与过分的逆反心理

大学生自我意识发展最显著的标志之一是独立意向。然而，很多大学生把独立理解为"万事不求人"，不需要别人的帮助。其实，独立并不意味着独来独往、我行我素和不顾社会规范，而是指在感情上、行为上个体能对自己负全部的责任。一个真正成熟的个体是独立的，他对自己负责但不排除接受他人合适的帮助。逆反心理也是大学生自我意识发展过程中的一种产物，其实质是为了寻求独立、寻求自我肯定，保护一个比较脆弱、尚不成熟的自我，这是青年阶段心理发展的必然反映。

逆反心理具有双重性：一方面表明青年人的反抗精神、独立意识；另一方面，不少人不能确切把握反抗，表现出过分的逆反心理。逆反心理过分的大学生往往采取非理智的反应方式，在内容上不区分正确与错误、精华与糟粕，一概排除；手段上是简单的拒绝和对抗，情绪成分大。这种心理会给大学生的成长带来消极影响，不利于大学生的健康成长。

（二）欣然接受自我，恰当评价自我

在正确认识和全面评价自我的基础上，欣然接受自我，恰当评价自我是构建完善的自我意识的又一重要内容。因此，要特别注意克服以下几种不良倾向：

1.过分追求完美

正如"爱美之心，人皆有之"一样，"追求完美之心"也是人类健康向上的本能。但不切实际地过分追求完美，则容易引起自我适应障碍。大学生过分追求完美表现在对自己持过高的要求，期望自己完美无缺，不能容忍自己"不完美"的表现，过分在乎自己"不完美"的地方，事事对自己不满意，从而严重影响自己的情绪和自信心。他们对自我十分苛刻，只能接受理想中"完美"的自我，不能迁就现实中平凡的、有缺点的自我，这就使得他们对自我的认识和适应产生障碍。

2.对自我评价不客观

一些大学生不能客观、恰当地评价自己和认识自己，只看到自身缺点而忽略自我长处，并且过分地关注自我的能力和表现，导致影响个体的情绪和兴趣，严重的还阻碍了对自我现状的改善，影响其正常学习及对环境的适应。其实，每一名大学生各有其短处，也各有长处，都有能力使自己更加出色，只要自己能悦纳自己的现状，准确定位自己，很好地把现实自我与理想自我协调起来，就可以成为一个真正强有力的"自我"。

3.易受他人期望的影响

大学生追求自主和独立，但他们仍然自觉不自觉地广泛接受着他人的影响，有的还把他人的期望当成自我的一部分。我们经常可以看到为父母、为老师或为他人而学习的学生。对于别人对自己的期望和评价，我们每个人应当有所吸纳，但是不能不加以辨别地全盘接受，甚至完全受其束缚。对大学生来说，必须明确自己的期望是什么，以及这种期望的来源是否与社会需要相吻合、与自己的需要和能力相吻合等。只有这样才可能真正地认识自己，恰当评价自己，规划自己的发展方向，并产生实现期望的强大动力。

（三）有效控制自我，不断超越自我

1. 在观察学习中确立肯定的自我认识

肯定的自我认识是指对现实的自我认识得比较客观、清晰，对理想的自我定位比较现实、积极，既符合社会要求，也是经过努力可以达到的。肯定的自我认识的确立是完善自我意识的关键。当一个人产生了基本上是肯定的自我认识和相应的情感体验时，自我认识就会积极地指导他应做什么，怎样做，即进行自觉的自我调控，从而使个体与周围环境、与社会相适应，自我意识也就逐渐地完善起来了。

肯定的自我认识的特点表现在两个方面：一方面自我认识是准确的、肯定的；另一方面对自我情感体验是健康的、向上的。肯定的自我认识可以从以下途径获得：

（1）通过他人对自己的态度认识自己。他人的态度就像一面镜子，可以用来观测自身，尤其是他人带倾向性、经常性的态度，对自我认识很有影响。通过他人的态度可以认识到自己的形象、自己在集体中的地位、自己的品质、自己的心理特征等，并可以从中找到原因所在。例如，如果别人很愿意和自己交往，且在一起学习、工作、娱乐都感到愉快，气氛和谐，就说明自己一定具备某些令人喜欢的品质。相反，如果别人嫌弃、讨厌自己，那就应反省自己了。所以，大学生要多留意别人对自己的态度，对他人的羡慕或嫉妒、尊敬或鄙视、信任或怀疑、亲近或疏远要做具体分析。当然，正如镜子有优劣一样，别人的态度所反映出来的自我形象，有时也难免被歪曲夸张。对方的偏爱、成见、缺乏了解等都有可能造成失真，但这毕竟是少数。只要多看几面镜子，全面地观察认识自己，就可以得到较为准确的自我认识。

（2）通过与他人的行为比较来认识自己。他人的行为也是认识自己的镜子。自己的品质、能力等在所处群体中的位置，是在直接与这个群体的成员进行比较中产生的。一般来说，这种比较往往是按照这样的顺序进行的：同班同学、本系其他专业班级同学、本校其他系的同学、往届的同学、其他院校的同学、同龄的其他青年。有些同学的范围还更大些，如和先进人物比，和自己心目中的理想人物比等。在这种比较的过程中要注意的是，不能专门"以己之长比人之短"，也不能专门"以己之短比人之长"，因为这样做都不能确立正确的自我认识。

（3）通过对自己活动和行为的分析认识自我。自我认识的确立不能完全以他人的评价为根据，还应该通过自己的分析独立完成。大学生可以通过自己参加各种活动时的动机、态度；在活动中的表现，以及取得的成效、成果来分析认识自己。例如，可以通过记忆外语单词的速度、准确性、持久性来评价自己的记忆品质；通过在班级、学校的活动或工作中的表现以及完成任务的情况，来确定自己的能力。总之，通过个人一系列的活动和行为总结自己的成败得失。在分析总结的过程中，要把自我认识同别人的评价结合起来，并以此建立对自己的正确认识和评价。当然，一个人要对自己的活动和行为作出正确的评价是不容易的，因为一个人的心理品质直接影响到自我评价的客观性和准确性。例如，经常表现为骄傲自满的人，容易把自己的活动和行为的功效估计过高；有自卑感的人，则常常把自己的活动和行为的功效估计过低。因此，要认清自己心理品质中积极的特性和消极的特性，并把自我评价与他人评价相比较，然后，通过分析得到准确的自我认识。

（4）通过自我观察、自我监督来认识自己。个体在从事各种活动时，自己的各种心理活动经常出现在大脑中，从而被意识到。人的大脑皮层既是一个反映外界事物的具有综合分析的功能组织，又是一个调节自身活动的行为的"指挥部"。以往的行为与各种活动，都可以以记忆痕迹的方式保存在大脑中，甚至对反映过的事物的各种体验也可以在大脑皮层中重新回想起来，从而实现与现实活动和行为的比较，进行自我观察，并通过对自己心理活动与身体状况的体验获得认识和评价。在自我观察中应注意的一点是，要考虑当时自己的情绪对观察所带来的影响。一般来说，当人处在安静、愉快的心境时，对自我观察最为有利；当人的心境激动或烦躁时，心理活动处于紧张状态，很难做到认真地、实事求是地自我观察，这时自我观察得出的结论，往往与自己真正的心理品质不大相符。

在对自己的活动和行为的自我观察基础上进行检查和督促，以使自己的行为和心理活动更适应现实的要求，这就是自我监督。通过自我监督进行自我教育，可以有目的地拟定健全自我意识的计划，制定措施，培养和发展自己。

2. 在实践活动中进行自我教育

实践活动是个体运用自身的知识和能力，为了满足需要，实现利益，取得价值，对自然界和人类社会进行改造的最基本的活动。对于大学生来说，实践活动主要是指学习活动和配合学习活动开展的实验室实践、生产实习、毕业实习、社会实践活动，以及群体或个人的课余活动等。这些活动协调统一的开展，是大学生健全自我意识的一条基本途径。

（1）在实践活动中确立正确的自我评价

大学生从小学、中学到大学，大部分时间生活在校园里，不接触具体的社会现实。一帆风顺的经历和得到较高社会评价等因素，使他们的自我评价往往带有片面性和盲目性。在实践活动中，大学生把自己当作活动的主体，就会不断地发现自我意识的不成熟和内心矛盾，并根据实践活动的需要，有目的地实行自我调控、自我教育，不断地调整和充实自我意识的内容，解决自我意识的矛盾，确立正确的自我评价，引导自我意识朝健康的方向发展。

（2）在实践活动中培养自己的归属感

大学生生活在集体中不论是一个班、一个支部，还是一个宿舍、一个小组，都会产生一种归属感。归属感能使人从心理上产生安全感、满足感和情感寄托。归属感越强，越容易对自己产生健康、恰当、肯定的自我认识。培养归属感的最好途径就是参加集体实践活动。这是因为：

第一，集体实践活动为个体与集体的融合创造了有利的环境。在实践活动中，个体成为集体中的一个有机成员，集体实践活动的目标要求每个参与者认识上统一，行为上一致。实践活动的内容要求每个参与者努力发挥自己的聪明才智，而实践活动的效果，又可大大鼓舞每个参与者，使每个成员在心理上得到满足。大学生在这些实践活动中，受到别人的鼓励、尊重、关心和爱护，感受到自己同集体融洽、被集体接受的程度。集体的归属感正是在这样一次次的实践活动中得到培养的。

第二，实践活动可以让个体找到自己在集体中的位置。归属感的特征在于使个体明确地意识到自己在集体中的位置。例如，学习活动是大学生的主要活动。

大学生自我意识发展水平的高低，对学习活动调节、影响作用的大小，只有在实际的学习活动中才能作出正确的判断。一个学生观察力、记忆力、思考力的发展水平，是通过他学习效果的好坏、学习成绩的优劣、对问题反应的快慢等一系列学习活动表现出来的。这样，他可以根据自己在学习活动中的表现找到自己在集体中的位置。

第三，实践活动是个体获得自尊心、自信心的有效途径。实践活动给每个参与者提供一个表现自我的场所。个体在集体活动中可以表现自己的亮点，从而获得他人的赞誉，证明自己的价值，获得价值感，增强自信心。一个充满自信的人，才能在集体中具有较强的主人翁意识，从而真正建立起归属感。

（3）在社会实践活动中找到自我与社会的契合点

对于即将走向社会的大学生来说，社会实践是很重要的实践途径。大学生自我意识发展得不成熟，往往是由于找不到自我与社会的契合点。一个人缺乏社会实践，没有社会经验，认识问题必然带有主观性和片面性，也就会在寻找自我与认识社会方面出现断裂。要解决这个问题，大学生在校期间应积极参加各种社会实践活动。这样做，有以下三个方面的好处：

一是有助于处理好"自我设计"与社会需要的关系。"自我设计"是指个体基于自身发展的需要，对自己的发展方向、层次及途径作出战略性的安排。"自我设计"不是随心所欲的，它受到社会因素的制约和影响。个体要在对自身和社会有足够认识的基础上，才能保证"自我设计"的正确性与可行性。大学生只有通过参加社会实践，开阔视野，加深对国情、民情的了解，克服思想认识上的片面性和主观随意性，顺应社会发展的必然趋势，根据自身条件设计人生目标，才能很好地适应社会发展的需要。否则，封闭式的"自我设计"必然与社会的要求相差甚远，不仅难以实现，还会带来无数的烦恼。二是有助于处理好自我价值与社会价值的关系。自我价值是自我意识中对自身存在的肯定。自我价值表现在人有自尊、自爱、自信的需要。大学生在实践活动中可以增强集体归属感，把个人表现和集体荣誉联系在一起，切身感到集体的团结协作精神是个人价值实现的保证，同时认识到社会现实对知识、对人才的迫切需要，认识到知识只有用于社会、服务于人民，才会获得最高的社会价值。三是社会实践还有助于大学生增强社会责任心和使命感。大学生在社会实践中，与工农接触，能直接体验到工人、农民身上蕴含着的中华民族的优秀品格，而这正是大学生需要汲取的精神营养。社会实践还能使大学生看到中国经济与文化发展的不平衡性，意识到自己对社会应尽的义务和责任，增强使命感。总之，社会实践能使大学生在正视自我、正视社会的基础上，科学地认识自我、发展自我。

第四节　增强大学生积极的自我效能感

一、自我效能感的特征

自我效能感具有显著的特征，概括来说，主要包括以下两方面：

（一）变化性特征

自我效能感是逐渐变化的，具有变化性的特征。例如，有些人在从事某项工作时，自我效能感可能非常强，但随着时间的推移，由于某种原因，他的自我效能感可能会下降。当然，也可能会出现相反的情况，但这都说明自我效能感具有变化的特征。

（二）领域性特征

除了变化性特征，自我效能感还具有一定的领域性特征。例如，有些人在工作上的自我效能感比较强，而在运动方面的自我效能感比较弱；有的人在文科方面的自我效能感比较强，而在理科方面的自我效能感比较弱。

二、自我效能感的功能

（一）决定功能

1. 决定人们面对困难与挫折的态度

具有超强自我效能感的人，自信心强，具有向困难与挫折挑战的精神、勇于追求成就的动机、实现目标的耐力。相反，自我效能感弱的人，会怀疑自己的能力，缺乏自信，在困难与挫折面前畏首畏尾、自暴自弃，无法战胜困难与挫折。

2. 决定人们的选择

人们在某一方面的自我效能感越强，成功的可能性就越大，便会越努力地从事这方面的活动；投入活动的精力越多，那么他就会坚持自己的选择，并且坚持的时间就会越长。反之，人们会逃避那些让自己感到不适的活动，从而选择其他的活动。

（二）影响功能

自我效能感具有一定的影响功能，主要表现在以下几个方面：

1. 影响从事活动或者工作的情绪

在做一件事情前，如果人的自我效能感比较强，那么他就会信心十足、心情极好，工作效率也高；反之，如果自我效能感较弱，那么他就会以一种消极的心态来完成这项工作，工作效率就会很低。所以说，自我效能感的强弱对从事活动或者工作的情绪有很大的影响。

2. 影响习得行为的表现

在做任何事情之前，虽然人们已具有能够完成这件事情的知识和技能，但只有充满自信，相信自己一定能够完成这件事情，那他才有可能尽自己最大的努力去利用自己所学的知识和技能去完成。这时，习得行为才能表现出来，反之则无法表现出来。

3. 影响学习新知识或新技能的行为

自我效能感对个体学习新知识或新技能的影响功能是非常明显的。例如，自我效能感强的人在学习新知识或新技能时，能把注意力放在应该集中的地方，从而取得最佳的学习效果；而自我效能感弱的人，由于担心自己会失败，所以就把思想纠缠在个人的不足之处，结果导致注意力分散，不能很好地学习，最终无法掌握新的知识或新的技能。

三、自我效能感的影响因素

班杜拉等人的研究指出，影响自我效能感形成的因素主要有以下几个方面：

（一）个人自身行为的成败经验

这个效能信息源对自我效能感的影响最大。一般来说，成功的经验会提高效能期望，反复的失败会降低效能期望。但事情并非这么简单，成功经验对效能期望的影响还要受个体归因方式的影响，如果归因于外部的不可控因素就不会增强效能感。因此，归因方式直接影响自我效能感的形成。

（二）替代经验或模仿

人的许多效能期望是来源于观察他人的替代经验。这里的一个关键因素是观察者与榜样的一致性，即榜样的情况与观察者相似。

（三）言语劝说

言语劝说的价值取决于它是否切合实际。缺乏事实基础的言语劝说对自我效能感的影响不大，而在直接经验或替代性经验基础上进行劝说的效果会更好。

（四）情境条件

不同的环境提供给人们的信息是大不一样的。某些情境比其他情境更难以适应和控制。当一个人进入陌生而又易引起焦虑的情境中，其自我效能感的水平与强度就会降低。

（五）情绪反应和生理状态

个体在面临某项活动任务时的身心反应、强烈的激动情绪通常会妨碍行为的表现，从而降低自我效能感。

四、自我效能感的评价

自我效能感是对能力的主观感觉，个体能力的自我知觉按理应该是个体能力的反映，但由于各种因素的影响，这种主观能力感知可以是对自己实际拥有能力的真实反映，也可以是对自己真实能力的歪曲反映：对能力要么低估，要么高估，这是对自我效能感没有进行正确评价产生的结果，进而导致自我效能感的偏差。效能信念是对能力的感受，但一些因素会造成效能信念和能力间的不一致。比如，对任务要求的模糊不清、对行为成绩的错误评定、目的的不明确、行为表现信息的缺陷、时间上的不一致等，都有可能造成效能信念与能力的不一致。

合理而恰当地评价自身能力，对个人的成功具有重要的价值。而对自我效能过高或过低的评价，都会带来麻烦。过高地评估自身能力的个体会从事明显的力不能及的活动，使自己陷入巨大的困境中，损害了自信心，遭受无谓的失败。低估自己能力的人会选择他认为有能力完成的任务，这就会限制自己参加活动的范围，丧失开发自身潜能的机会，与本来可以获得的成功失之交臂。

大量研究证明，人们的自我评价发生错误时，一般是因为高估了自己的能力。大多数人对自我有一种积极的看法，对自己能力高估的比低估的多。也应该看到，很多时候人们并不是缺乏能力，而是缺乏对自己能力的自信。有效的自我效能感评价，是对自己作出稍微超出实际能力的评价。因此，在大多数情况下，乐观的效能评价是更有意义的效能评价方式。

五、自我效能感的调节

一般来说，自我效能感的调节作用主要是通过四个过程来完成的，并且这四个过程要同时发挥作用。

（一）认知过程

自我效能感影响人们的各种思维模式，从而能加强或削弱行为，这些认知影响主要表现在以下几方面：

1. 影响个体目标的设立

人们的大多数行为是有目的性的，都受认知目标的调节。而个体目标的设立又受自我效能感的影响，自我效能感越强的人为自己设立的目标越高，反之则越低。

2. 影响个体的认知建构

人类的大多数行为过程是在思维的引导下进行的，认知建构在发展技能的行动中起着指导的作用，人们的自我效能感影响着他们怎样解释情境。自我效能感弱的人将不确定的情境解释为危险的机会，倾向于想象失败的场景。自我效能感强的人认为，情境提供了可实现的机会，他们会想象成功的场景，为行为操作提供了积极的指导。自我效能感强促进了有效行动的认知建构，而有效行动过程会强化自我效能感。因此，关注自己缺陷的否定性认知，会削弱自我动机、阻碍行为操作。

3 影响问题解决策略的产生和使用

在能力相似而自我效能感不同的人中，自我效能感强的人在寻找问题解决策略时，能更快地放弃错误的认知策略，解决问题的效率高、效果好。

（二）动机过程

动机大多是由人们的认知产生的。认知性动机能够激发起人们的行为，并根据预先思维指导其行动。他们在已形成的能做什么的信念基础上，预期其行动可能带来的结果，为自己设立目标，计划达成目标的行动过程。在心理学的动机理论中，可区别出归因理论中的因果归因、目标理论中的认知性目标、期望价值理论中的结果预期三种不同的认知性动机。自我效能感在这些认知性动机中发挥着作用。

1. 自我效能感与归因理论中的因果归因

自我效能感与归因理论中的因果归因是相互作用的。

第一，因果归因对行为操作成就的影响受自我效能感的调节。通常，成功的能力归因往往伴随着自我效能信念的提高，以及后继行为的成就。但成功的努力归因对自我效能感的影响受多种因素的影响：如果个体认为能力可通过艰苦的努力来获得，那么努力与个人效能信念就呈正相关；如果认为能力是与生俱来的，那么努力可能表现能力不足，就与自我效能信念呈负相关。

第二，自我效能感对因果归因也有一定的影响。自我效能感强的个体倾向于把成功归因于自己的能力，把失败归因于努力不足或不利的情境条件，而自我效能感弱的个体则将失败归因于能力欠缺。

总之，自我效能感调节着人们对行为的归因，归因所选出与效能有关的信息因素，主要通过改变人们的自我效能感而影响行为的成就。

2. 自我效能感与目标理论中的认知性目标

很多研究证明，明确而具有挑战性的目标可以提高行为的动机。人们在一定程度上是以自我效能感为基础来选择挑战性目标，常考虑付出多大的努力，在面临困难时坚持多长的时间。面临阻碍和失败时，对其努力持有怀疑者会降低努力程度，过早放弃尝试，而对能力有强烈信念的人会付出更多的努力来进行挑战。人类的目标达成和积极内心体验需要积极乐观的个体效能感，这是因为，在社会生活中人们所从事的很多事情都会遇到困境，这就要求人们必须有一种弹性的个体效能感，以维持成功所需的努力。然而，由于自我效能感的作用，有些人能很快地恢复自信心，而有些人则不能。

3. 自我效能感与期望价值理论中的结果预期

在期望价值理论中，动机强度受特定行为影响产生特定结果及其价值的预期控制。但是，人们既按照结果预期，也按照他们能做什么信念去行为。因而，结果预期对行为操作动机的影响部分会受到自我效能感的影响。那些怀疑自己的个体，如果认为自己没有获得成功的可能性，就不会从事这种活动，即使该活动能产生有价值的结果；而那些自信的个体觉得自己能做得很好，能获得有价值的结果，开展该活动的动机就会增强。所以，自我效能感弱者会使结果预期失去激发潜力的作用，而自我效能感强者则可以在面对不确定性或反复出现消极结果时，仍能维持很长时间的努力。

（三）情绪过程

当人们面临着可能的危险或者灾难等情境时，自我效能感将会决定个体的应激状态等情绪反应。自我效能感越强的人，对情境的控制感也会越强。这种人相信自己能够对环境中的危险或者灾难施以有效控制，不会在应对环境事件之前犹豫不决，而这种身心反应状态又会影响个体的认知性质，进而影响个体的活动。而自我效能感弱的人，会怀疑自己更可能遇到危险或者灾难，他们常常会体验到强烈的应激反应和焦虑，并会采取消极的退避行为或防卫行为。然而，这些行为方式却限制了个体主动性的发挥。

（四）选择过程

自我效能感通过选择过程调节着人类的行为。个体的效能感不仅通过影响个体所创设的环境类型，还通过影响个体选择投入的环境及活动类型，塑造着个体的生活道路。在凭借选择过程进行自我发展时，个体通过选择有利于培养自己特定潜力和生活方式的环境来塑造命运。他们避开自认为超越其能力的活动和环境，积极担负自己认为有能力从事的活动，选择自己能应对自如的社会环境。他们的自我效能感越强，所选择的活动的挑战性就越大。

六、自我效能感的培养

（一）利用榜样示范提供替代性效能信息

自我效能感是在自我与环境互动的过程中形成和发展起来的，环境中的其他人获得成功或失败的经历会为个体带来替代性效能信息，影响个体的自我效能判断。所以，为了培养自我效能感，可以通过榜样示范为个体提供替代性效能信息。

1. 榜样示范应具备的条件

总体上来说，榜样示范应该具备以下几个条件：

第一，榜样示范要符合学习者的年龄特征。

第二，榜样示范的行为要具有可信任性，即相信榜样作出某种行为是出自对自身的要求，而不是另有目的。

第三，榜样示范要感人，要能够使学习者产生心理上的共鸣。

第四，榜样示范要特点突出、生动鲜明，这样才能够引起学习者的注意。

第五，榜样示范的行为要具有可行性，即学习者能够做得到。

2. 榜样示范的形式

具体来说，榜样示范的形式主要包括以下几种：

第一，言语性示范，即通过言语描述传递行为方式。

第二，延迟性示范，即观察榜样示范的行为后，经过一段时间，学习者对榜样行为的再现仍能影响其行为。

第三，行为性示范，即直接通过榜样的行为表现传递行为方式。

第四，抽象性示范，即通过榜样的各种行为事例，传递隐含在其行为事例之中的原理或规则。

第五，参与性示范，即学习者在观察榜样后马上采取行动，然后再观察，再采取行动。这种示范方式把直接学习和观察学习结合在一起，有利于行为方式的形成。

第六，创造性示范，即提供多个榜样或多种行为，学习者将学到的行为组合在一起表现出独特的行为。

第七，象征性示范，即通过电视、电影等象征性媒介物来呈现榜样的行为方式。这种示范方式在现代社会使用很广，其优点是可以反复呈现和同时多人观察，可以突出某一部分，其缺点是可信性不如实际示范的强。

（二）恰当使用外部强化增加个体亲历的成功经验

不断获得的成功体验会使个体认识到自己的能力，坚信自己的能力，有助于提高个体的自我效能感；而不断的失败则会使个体怀疑自己的能力，进而降低自我效能。所以，恰当地使用外部强化，让个体能够不断地获得成功的经验或体验是增强自我效能感的重要途径。

1.恰当地使用有效强化

（1）强化的分类

第一，根据强化的效果，可以将强化分为正强化与负强化。正强化也叫积极强化，是指依随于某一反应使这一反应变化，以求获得它的刺激。负强化也叫消极强化，是指依随于某一反应会使某反应变化，以求消除或停止它的刺激。

第二，根据强化的具体形态，可以将强化分为物质性强化、社会性强化、活动性强化和象征性强化。

第三，根据个体接受的强化源，可以把强化分为直接强化、自我强化和替代强化。直接强化是个体亲身受到的强化，自我强化是人根据自己设立的标准来评价自己的行为，替代强化是榜样所受到的强化。

（2）强化使用的原则

在恰当使用有效强化的过程中，一条很重要的原则就是选择有效强化，即选择个体所喜欢和想得到的物体或活动来强化他的其他行为。不论何种强化，只要能确实发挥作用，就是有效强化物。因为时间、地点与人的个性特点等条件不同，有效强化物也不同。

2.恰当地使用强化程序

强化程序是指对强化频率的控制，可以分为连续强化（全部强化）和断续强化（部分强化）。在连续强化的条件下，个体的反应率很高，只要个体想要获得强化，就会做出反应。但只要强化一停止，反应也就不再出现了。与连续强化相比，断续强化在现实中的运用范围更广。断续强化从时间上可以分为固定时间间隔强化与不固定时间间隔强化。固定时间间隔强化为每隔一个固定的时间段进行一次强化，如完成一定数量的作业就可以去玩。由于这种强化个体知道如何获得更多的强化，所以反应率很高。不固定时间间隔强化是强化之间的间隔时间不固定，如不定期地检查学生的作业。在这种强化的程序下，个体不知什么时候会出现强化，但总是带有一种强化即将出现的期待，所以，这种强化程序下的反应率略高于固定时间间隔强化。

3. 恰当地进行强化训练

强化训练是指依随于是否做出某个反应而进行正强化或负强化，它分为以下几种形式：

第一，回避训练。回避训练的目的是通过惩罚来促进某个反应的出现，个体会形成为了不受到负强化而进行某反应的期待。这是一种无功便是过的强化使用方式。如果对反应的要求过高，则会出现不良后果。

第二，奖赏训练。奖赏训练的目的是通过奖赏来促进某个反应的出现，个体会形成为了获得正强化而进行某个反应的期待。但是，如果对反应的要求过高，强化则会失去效果。

第三，惩罚训练。惩罚训练的目的是以惩罚的方式来禁止某个反应出现，个体会形成为了不受到负强化而不进行某个反应的期待。这种强化的使用方式也极为常见，所谓违章必罚即为此。

第四，取消训练。取消训练的目的是以奖赏的方式来取消某个反应，个体会形成为了获得正强化而不进行某个反应的期待。这种以赏代罚的形式适合于不良行为比较多的个体，以矫正一些无法强制改正的不良行为。

4. 根据强化依随性使用外部强化

某一行为操作出现后，呈现外部强化，操作出现的概率增强，即行为依随于外部强化而变化。反应之后出现强化这一依随关系，被称为强化的依随性。强化的依随性可以分为主观依随性和客观依随性。主观依随性为主体所认识到的依随关系，客观依随性是实际存在的依随关系。由于受条件和认知能力所限，有时人们所认知到的主观依随性与实际客观依随性并不相符，而人的行为受主观依随性直接影响。强化依随性还可以分为必然依随性与人为依随性。必然依随性强化是某一反应的必然结果，如努力学习会提高学习成绩等。人为依随性指强化是由他人控制的结果，如努力学习会受到教师的表扬等。人所体验到的强化依随性大部分都是人为依随性。

在运用外部强化时，一定要注意使你所控制的强化与被强化的行为之间的因果关系被个体准确认知到，使个体意识到的主观依随性与客观依随性一致。否则，你所运用的强化就达不到所预期的效果。

5. 谨慎使用惩罚

惩罚有各种各样的形式，心理学对惩罚进行了大量的研究，其中，比较一般的结论是，惩罚对行为有一时的抑制作用。只要惩罚达到了一定的强度，受罚对行为就会有一时的抑制作用。但大量的研究结果也发现，惩罚会引起人的消极情绪，对个体的身心发展具有一定的负面作用。所以，在自我效能感的培养方面一定要慎用惩罚，使用惩罚时一定要注意以下几方面的问题：

第一，对某些行为进行惩罚时要准备好替换行为，并对替换行为进行奖赏，即要求受罚者在不干什么的同时，又要教导他们去干什么。

第二，要就事论事，使被罚者认识到行为的错误所在，即要将罚与教育结合在一起，使受罚者把消极情绪与自己的所作所为联系在一起。

第三，不同时间场合、不同教育者之间，惩罚要有一致性，否则不仅罚的效果相互抵消，而且受罚者会无所适从。

第四，防止惩罚后奖赏。罚后奖赏是许多人容易出现的毛病。如果出现这种现象，那么会导致罚得完全没有效果。

总之，使用惩罚的目的是使受罚者认识错误并改正错误，但要注意防止惩罚者个人情绪的发泄。

第四章　大学生的学习心理

第一节　大学生学习概述

一、学习的概念

学习一词，最早出现在《论语》中，许多心理学家、教育学家和哲学家从不同的观点和角度提出了学习的定义。桑代克认为，人类的学习就是人类本性和行为的改变，本性的改变只有在行为的变化上表现出来；加涅认为，学习是人类倾向或才能的一种变化，这种变化要持续一段时间，而且不能把这种变化简单地归为成长过程；希尔加德认为，学习是指一个主体在某个现实情境中的重复经验引起的，对那个情境的行为或行为潜能变化。不过，这种行为的变化不能根据主体的先天反应倾向、成熟或暂时状态来解释。

学习的概念有广义与狭义之分。从广义上讲，学习是人和动物在生活过程中通过实践训练而获得的由经验引起的相对持久的适应性的心理变化，即有机体以经验方式引起的对环境相对持久的适应性的心理变化。狭义的学习指学生在教学情境中通过与教师、同学以及教学信息的交互作用，获得知识、技能、态度的过程。

二、学习的分类

（一）按照学习主体的分类

按照学习主体，分为动物的学习和人的学习。

（二）按照学习结果的分类

加涅按照学习结果，把学习分为五类：

1. 言语信息的学习

这一类的学习通常是有组织的，学习者得到的不仅是个别的事实，而且是根据一定的教学目标给予许多有意义的知识，使信息的学习和意义的学习结合在一起，构成系统的知识。言语信息的学习有三大作用：①进一步学习的必要条件，如识字之于文学作品的学习。②有些言语信息在人的一生中都有实际意义，如时钟的识别、天体运行、四季的形成等知识。③有组织有联系的言语信息可以为思维提供工具。

2. 智慧技能的学习

言语信息的学习帮助学生解决"是什么"的问题；而智慧技能的学习要解决"怎么做"的问题，以处理外界的符号和信息，又称过程知识。在各种水平的学习中都包含着不同的智慧技能，如怎样把分数转换成小数，怎样使动词和句子的主语一致，等等。加涅认为每一级智慧技能的学习要以低一级智慧技能的获得为前提，最复杂的智慧技能则是把许多简单的技能组合起来而形成的。

3. 认知策略的学习

认知策略是学习者用以支配他自己的注意、学习、记忆和思维的有内在组织的才能，这种才能使得学习过程的执行控制成为可能。因此，从学习过程的模式图来看，认知策略就是控制过程，它能激活和改变其他的学习过程。认知策略与智慧技能的不同在于智慧技能定向于学习者的外部环境，而认知策略则支配着学习者在对付环境时其自身的行为，即"内在的"东西。简单地说，认知策略就是学习者用来"管理"他的学习过程的方式。这种使学习者自身能管理自己思维过程的内在的、有组织的策略非常重要，是目前教育心理学研究中的热门课题。认知策略的培养也应该成为学校教育的重要任务之一。

4. 态度的学习

态度是通过学习获得的内部状态，这种状态影响着个人对某种事物、人物及事件所采取的行动。学校的教育目标应该包括态度的培养，态度可以从各种学科的学习中得到，但更多的是从校内外活动中和家庭中得到。加涅提出有三类态度：

①儿童对家庭和其他社会关系的认识；②对某种活动所伴随的积极的喜爱的情感，如音乐、阅读、体育锻炼等等；③有关个人品德的某些方面，如爱国家、关切社会需要和社会目标、尽公民义务的愿望等等。

5. 运动技能的学习

运动技能又称为动作技能，如体操技能、写字技能、作图技能、操作仪器技能等，它也是能力的组成部分。

（三）按照学习水平的分类

加涅按照学习水平，把学习分成八类：

（1）信号学习：即经典性条件作用，学习对某种信号作出某种反应。其过程是：刺激—强化—反应。

（2）刺激—反应学习：即操作性条件作用，与经典性条件作用不同，其过程是情景—反应—强化，即先有情景，作出反应动作，然后得到强化。

（3）连锁学习：是一系列刺激—反应的联合。

（4）言语联想学习：也是一系列刺激—反应的联合，但它是由言语单位所联结的连锁化。

（5）辨别学习：学会识别多种刺激的异同并对之作出不同的反应。

（6）概念学习：对刺激进行分类时，学会对一类刺激作出同样的反应，也就是对事物的抽象特征的反应。

（7）规则的学习：规则指两个或两个以上概念的联合。规则学习即了解两个或两个以上概念之间的关系。

（8）解决问题的学习：在各种情况下，使用所学规则去解决问题。

（四）按照学习意识水平分类

美国心理学家阿瑟·雷伯将学习分为内隐学习和外显学习。

内隐学习是指有机体在与环境的接触过程中不知不觉地获得了某种知识，学习了某种规则。外显学习是有意地搜寻或把规则应用于刺激物领域的学习。在外显学习的过程中，人们的学习行为受意识的控制。

（五）我国学者对学习的分类

我国心理学家潘菽、冯忠良等人将学习分为如下三种：

（1）知识学习：包括知识的领会、巩固和应用三个环节。要解决的是知与不知、知之深浅的问题。

（2）技能学习：分为心智技能和操作技能两种，要解决的是会不会的问题。

（3）社会规范的学习：又称行为规范的学习或接受，是把外在于主体的行为要求转化为主体内在的行为需要的内化过程。其学习既包括社会规范的认识问题，又包括规范执行及情感体验的问题，因此，比知识、技能的学习更为复杂。

三、学习的基本理论

（一）行为主义学习理论

1. 巴甫洛夫的经典性条件反射学说

（1）巴甫洛夫的经典性条件作用

作为中性刺激的铃声，由于与无条件刺激联结而成了条件刺激，由此引起的唾液分泌就是条件反射。这种单独呈现条件刺激即能引起唾液分泌的反应叫作条件反应，后人称为"经典性条件作用"。

（2）巴甫洛夫的经典性条件作用理论的主要规律

泛化与分化：

①刺激的泛化是指机体对与条件刺激相似的刺激做出条件反应。

②刺激的分化是指只对条件刺激做出条件反应，而对其他相似刺激不做反应。

③刺激的泛化与分化是互补的过程。泛化是对事物的相似性的反应，分化是对事物差异性的反应。

消退：条件反射形成以后，如果得不到强化，条件反应会逐渐减弱，直至消失。

恢复：未经强化而条件反射自动重现的现象，被称为恢复。

2. 桑代克的联结—试误学习理论

（1）学习的实质——形成情境与反应的联结。

（2）学习的过程——一种渐进的、盲目的、尝试错误的过程。

（3）桑代克认为，学习要遵守三条重要的原则，即准备律、练习律、效果律。

准备律：联结的加强或削弱，取决于学习者的心理准备和心理调节状态。

练习律：刺激与反应之间的联结会由于重复或练习而加强；反之会减弱练习律分为应用律和失用律。

效果律：刺激和反应之间的联结会因导致满意的结果而加强，反之减弱。

（4）联结—试误说的教育意义。

该理论特别强调"做中学"，即在实际的操作过程中学习有关的概念、原理、技能和策略等。具体而言，对教育的指导意义：

①教师应该允许学生犯错误，并鼓励学生多尝试，从错误中学习，这样获得的知识才会更牢固。

②任何学习都应该在学生有准备的状态下进行，不搞突然袭击。

③在学习中，应加强合理的练习，并注意在学习结束后不时地进行练习。

④在识记教育过程中，教师应努力使学生的学习能得到自我满足的积极结果，防止一无所获的消极结果。

3. 斯金纳的操作性条件作用理论

斯金纳把人和动物的行为分为应答性行为和操作性行为两类。其中，应答性行为是由特定刺激所引起的，是不随意的反射性反应。操作性行为则不与任何特定刺激相联系，是有机体自发做出的随意反应。

（1）操作性条件作用的基本规律

①强化：采用适当的强化物而使有机体反应频率、强度和速度增加的过程。凡是能增强行为频率的刺激或事件，即为强化物。

②正强化（积极强化）：通过呈现愉快的刺激来增强反应频率。

③负强化（消极强化）：通过消除或中止厌恶、不愉快刺激来增强反应频率。

④强化类型多样：连续性强化与间隔强化、固定比例强化与变化比例强化、固定时间强化和变化时间强化。

在新知识、新行为、新习惯的初始学习阶段，连续的、固定的强化是有必要的，这能够让学生很容易地完成要求的任务，尽快得到奖励；当学生的学习或者行为达到了一定程度，就要不断延长强化的间隔时间，直到最后撤销强化。

（2）逃避条件作用与回避条件作用

①逃避条件作用：指当厌恶刺激出现时，有机体做出某种反应，从而逃避了厌恶刺激，则该反应在以后的类似情境中发生的概率增加的一类条件作用。

②回避条件作用：指当预示厌恶刺激即将出现的刺激信号呈现时，有机体也可自发做出某种反应，从而避免了厌恶刺激的出现，则该反应在以后类似的情境中发生的频率增加的一类条件作用。

逃避条件作用与回避条件作用都是消极强化的条件作用类型，但二者又有着明显的不同。采取回避条件作用来维持行为比采取逃避条件作用更主动，是德育工作"防患于未然"的理论基础。

（3）惩罚

是指有机体做出某种反应后，呈现一个厌恶刺激，以消除或抑制此反应的过程。

①呈现性惩罚：指在行为后施加厌恶刺激以抑制或减少该行为的发生频率。

②移除性惩罚：指在行为后移去满意刺激，以减少行为的发生。

（4）强化理论对学习的意义

①强化的应用

在对学生进行奖励时，应注意避免外部奖励对内部兴趣的破坏。

奖励虽然是塑造行为的有效手段，但奖励的运用必须得当，否则便会强化不良行为。

②消退的应用

消退是一种无强化的过程，其作用在于降低某种反应将来发生的概率，以达到消除某种行为的目的。

不去强化而去淡化，即可消除不正确行为，又不会带来诸如惩罚等导致感情受挫的副作用。故消退是减少不良行为、消除坏习惯的有效方法。

③惩罚的应用

a.惩罚并不能使行为发生永久性的改变，它只能暂时性抑制行为，而不能根除。

b.惩罚的运用必须慎重，惩罚一种不良行为应与强化一种良好的行为结合起来，方能取得预期效果，即指出正确的行为方式，在孩子做出该行为后给予强化。

c. 一般来说，要尽可能地少用惩罚，在必要的时候才使用。

d. 惩罚的运用应该及时。

（5）斯金纳关于程序教学与行为塑造的意义

①程序教学

a. 程序教学的基本原理

程序教学是一种个别化的教学形式，斯金纳将学习的大问题分解为一系列小问题，并将其按一定的程序编排呈现给学生，要求学生学习并回答问题，学生回答问题后及时得到反馈信息。程序教学的基本原理是采用连续接近法。

b. 程序教学的原则

主要有小步子原则、积极反应原则、自定步调原则、及时反馈原则、低错误率原则。

②行为塑造

塑造是指通过小步子帮助学生达到目标。行为塑造技术包括连锁塑造和逆向连锁塑造。

4. 班杜拉的社会学习理论

（1）学习的实质——观察学习

班杜拉认为，学习是个体通过对他人的行为及其强化结果的观察，从而获得某些新的行为反应，或已有的行为反应得到修正的过程。观察学习的特点有以下三点：

①观察学习并不依赖于直接强化。

②观察学习不一定具有外显的行为反应。

③观察学习具有认知性。

（2）观察学习的过程

注意—保持—复现—动机。

（3）对强化的重新解释

①直接强化。

②替代强化。

③自我强化。

（4）常见的课堂强化技术

①言语强化（包括口头语言强化和书面语言强化）。

②非言语强化。

a. 面部表情；

b. 眼神的运用；

c. 体态语强化；

d. 服饰语强化。

③替代强化。

④延迟强化。

⑤局部强化。

⑥符号强化。

（二）认知派学习理论

1. 格式塔学派的完形—顿悟学习理论

苛勒等人关于学习本质的观点：

（1）学习的实质——形成新的完形。

（2）学习的过程——顿悟的过程。

所谓顿悟是领会到自己的动作和情境，特别是和目的物之间的关系。

（3）桑代克的联结—试误学习理论与苛勒的完形—顿悟学习理论。

两者并非互相排斥和绝对对立的。联结—试误是顿悟的前奏，顿悟是练习到某种程度时出现的结果。

2. 布鲁纳的认知—发现学习理论

布鲁纳主张学习的目的在于以发现学习的方式，使学科的基本结构转变为学生头脑中的认知结构。

（1）学习观

①学习的实质在于主动形成认知结构。

②学习包括获得、转化和评价三个过程。

（2）教学观

①教学目的在于理解学科的基本结构。

布鲁纳强调学习的主动性和认知结构的重要性，所以主张教学的最终目的是促进学生对学科结构的一般理解。

②掌握学科的基本结构的教学原则。

a. 动机原则。

b. 结构原则。

c. 程序原则。

d. 强化原则。

引导学生理解教材结构的过程中：

第一，应注意教学本身应有新奇性，同时跨度应适当，其难度不能过高或过低，以激发学生的好奇心和胜任感。

第二，应根据学生的经验水平、年龄特点和材料性质，选取灵活的教学程序和结构方式来组织实际的教学活动的过程。

第三，应注意提供有助于学生矫正和提高的反馈信息，并教育学生进行自我反馈，以提高学习的自觉性和能动性。

③发现学习。

布鲁纳认为，发现是教育儿童的主要手段，学生掌握学科的基本结构的最好方法是发现学习。发现学习是指给学生提供有关的学习材料，让学生通过探索、操作和思考，自行发现知识、理解概念和原理的教学方法。

3. 奥苏贝尔的有意义接受学习理论（有意义言语学习理论）

一是，布鲁纳的发现学习与奥苏贝尔的接受学习的比较。

（1）发现学习的特征是学习的主要内容未直接出现，只呈现有关线索或例证，而必须由学习者去独立发现自己得出结论。

（2）奥苏贝尔认为，学生的学习主要是接受学习。接受学习的特征是把学习的全部内容或多或少地以定论的形式呈现给学生，不需要学习者任何形式的独立发现。

（3）发现学习过程比接受学习过程多一个发现的，即解决问题的阶段，因此，前者比后者复杂。同时，两者在智力发展认知功能中的作用也不同。大量的材料是通过接受学习获得的，而各种问题则是通过发现学习解决的。但在儿童的发展中，接受学习比发现学习出现稍晚。接受学习的出现意味着儿童达到了较高水平的认知成熟度。其实，发现学习和接受学习都是教学中有效方法，关键是看学习的具体条件和目的。

二是，有意义学习（有意义言语学习）。

有意义学习的本质是以符号为代表的新观念与学习者认知结构中原有的适当观念建立起非人为的和实质性的联系的过程，是原有观念对新观念加以同化的过程。

三是，有意义学习的条件。

（1）客观条件：有意义学习的材料本身必须合乎这种非人为的和实质性的标准，即具有逻辑意义。

（2）主观条件：

①学习者必须具有有意义学习的心向；

②学习者认知结构中必须具有适当的知识，以便与新知识进行联系；

③学习者必须积极主动地使这种具有潜在意义的新知识与认知结构中有关的旧知识发生相互作用。

4.加涅的信息加工学习理论

（1）学习结构模式。

加涅将学习过程看作是信息的加工流程。

（2）学习过程的阶段性。

①动机阶段——激发学习者的学习动机。

②领会阶段——注意和选择性知觉。

③获得阶段——所学的信息进入短时记忆，并编码和储存。

④保持阶段——将已编码的信息进入尝试记忆储存。

⑤回忆阶段——进行信息的检索。

⑥概括阶段——实现学习的迁移。

⑦操作阶段——反应发生阶段。学生通过作业表现其操作活动

⑧反馈阶段——证实预期，获得强化

（三）人本主义学习理论

1. 有意义的自由学习观

根据学习对学习者的个人意义。

（1）无意义学习：学习没有个人意义的材料。

（2）有意义学习：一种涉及学习者完整的人，使个体的行为、态度、个性以及在未来选择行动方针时发生重大变化的学习，是一种与学习者各种经验融合在一起的，使个体全身心地投入其中的学习。

2. 学生中心的教学观

学生中心模式又称非指导性教学模式，在该模式中教师是助产士和催化剂。

非指导性教学包括五个阶段：

（1）确定帮助的情境。

（2）探索问题。

（3）形成见识。

（4）计划和抉择。

（5）整合。

罗杰斯认为，促成学生学习的关键是：

（1）真实或真诚。

（2）尊重、关注和接纳。

（3）移情性理解。

3. 人本主义学习理论的启示

（1）课程目标层面

罗杰斯主张课程"以学生为中心"，应培养"完整的人"，培养具有独立人格和创造性，能适应时代变化的人。

（2）课程结构层面

要求学校设立并行课程和整合课程。

（3）课程内容层面

罗杰斯提出适切性原则，强调课程内容要与学生的生活和体验发生联系，使学生产生有意义的学习和自发的经验学习。

（4）课程实施层面

强调非指导性教学，并把良好的人际关系作为课程实施的重要影响因素。

（5）课程评价层面

主张学生进行自我评价，教师只起辅助的作用，反对一切外部评价。

（四）建构主义学习理论

1. 建构主义的不同取向

（1）个人建构主义

代表：格拉塞斯·菲尔德的激进建构主义、维特罗克的生成学习理论、斯皮罗的认知灵活性理论。

（2）社会建构主义

情境学习、认知分布学习。

2. 建构主义学习理论的主要内容

（1）建构主义知识观

建构主义在一定程度上质疑知识的客观性和确定性，而强调知识的动态性。

①建构主义认为，知识并不是问题的最终答案，而是随着人类进步而不断改正并随之出现新的假设和解释。

②知识并不能精确地概括世界的法则，而需要针对具体情境进行再创造。

（2）建构主义学习观

强调知识的主动建构性、社会互动性和情境性。

（3）建构主义学生观

建构主义非常强调学习者本身已有的经验结构，认为学习者在学习新信息、解决新问题时往往可以基于相关经验，依靠其认知能力形成对问题的解释。

（4）建构主义教师观

建构主义把教师看成是学生学习的帮助者与合作者。认为教学不是由教师到学生的简单的转移和传递，而是在师生的共同活动中，教师通过提供帮助和支持，引导学生从原有的知识经验中生长出新的知识经验。

3. 建构主义学习理论对当前教育实践的启示

教学活动必须建立在学生已有的知识经验基础上，体现学生学习的过程是在教师的引导下自我建构、自我生成的过程。这也是新课程改革的基本理念。

四、大学生学习的特殊性

学习是大学生的主要任务，大学生正处于智力发展的高峰期，记忆力、观察力、思考力、逻辑思维能力与创造性都有很大的发展。大学生学习既不同于儿童的学习，也不同于成人的学习。大学生学习既有一定的专业性、目的性和探索性，又有深刻的社会意义，表现出广泛的兴趣和各种各样的学习方法。大学生学习有其特殊性：其一，大学生的学习是一种特殊的认识活动，是掌握前人积累的文化、科学知识，即间接的知识，在学习中会有发现与创造，但其主要内容还是学习前人积累的知识与经验；其二，学生的学习是在教师的指导下，有目的、有计划、有组织地进行的，是以掌握系统的科学知识为前提的；其三，大学生的学习是在较短时间内接受前人的知识与经验，重要的是间接经验的学习与掌握，大学生的实践活动是服从于学习目的的；其四，大学生的学习不但要掌握知识经验与技能，还要发展智能，培养品德及促进健康个性的发展，形成科学的世界观。

第二节　大学生学习的重要意义

一、学习对大学生人格的影响

人格是指一个人才智、情绪、愿望、价值观和习惯的行为方式的有机整合，它赋予个人适应环境的独特模式，包含着一个受到过去影响并对现在和将来产生影响的建构。它是各种稳定特征的综合体，这种独特的模式既是个体社会化的产物，又影响着个体和环境的交互作用。学习对大学生人格的影响，可以从下列几方面加以阐述：

（一）对气质性格的影响

人的气质主要受先天的影响，但是性格却是在后天与社会的互动中慢慢建立形成起来的。性格是指个人对现实的稳定的态度和习惯化了的行为方式。对一件事情的态度很大程度上受到认知广度与深度的影响，大学阶段恰恰是对很多专业和领域的学习过程，这种认知上的改变自然会对大学生对待事物的态度产生影响。例如，以前不喜欢数学的学生通过对高等数学的学习发现了其中的魅力，进而对数学的态度产生了一百八十度的转变；曾经讨厌历史的学生，因为深刻地了解了历史学的系统知识，发现自己突然爱上了这一门给人智慧的学问。由此可见，学习不仅影响大学生的态度，进而还影响其行为方式。

（二）对自我意识的影响

自我意识包括自我认知、自我体验和自我控制。大学学习的选择性给了学生自由决定是否选择某些科目的权利，在很大程度上，学什么、怎么学，都是由大学生自己做主的，这对自我认知产生了深远的影响。通过选择科目不断尝试新的领域，通过对专业的学习更加系统地认识某个领域，通过实践亲身体会某个领域是否适合自己，这都会影响学生对自己的认识：我是一个什么样的人，我喜欢什么，不喜欢什么，适合什么，不适合什么，慢慢都有了一个答案。对自我的认知随着认知结构的丰富，也愈加完整了。同时，这种自由还对自我控制提出了更高的要求。如何做到主动学习、经受住各种娱乐休闲的诱惑，将是大学学习过程中的一个难题，也正是通过不断拒绝诱惑、合理安排时间，自我控制感才不断得到加强，自我控制能力才会相应提升。

（三）对认知方式的影响

认知方式，是指个体在认知过程中所表现出来的习惯化的形式。认知方式多种多样，如场独立和场依存、思索型和冲动型、整体型和分析型。不同的专业甚至一个专业的不同领域，都会对学习主体的认知方式产生影响。如学习建筑或者工程力学的学生会倾向于分析型认知方式；学习文学的学生可能更倾向于整体型认知方式；对急诊感兴趣的学生可能是冲动型认知方式，而擅长内科的学生可能更倾向于思索型认知方式。可见，专业的影响是深远的，但需要强调的是，认知方式并没有好坏之分，不同的专业、领域、职业所需要的认知方式完全不同。

二、学习对大学生情感意志的影响

学习是大学生生活中最重要的任务之一，它的过程和结果都会影响到学生的情绪。同时，大学学习要求更强的自主性和选择性，这对学习主体的意志力也会产生影响。具体来看，情绪的产生是与需要和动机紧密相连的。大学生在学习过程中所接触到的更加专业、兼顾广度和深度的系统知识，会对其认知内容产生较大的改变，正是这种对周围事物更为深刻和广泛的认识引起学习主体需求的改变：通过专业课和通选课的学习，学生可以较为深刻同时也广泛地了解一些专业的内容，从而对自己喜欢哪个专业或者专业的方向有了更为理智的判断，也就自然地对不同的领域有了不同的需要。所以说，大学学习的广度和深度会影响主体的需求结构。可能正是通过学习园艺知识，某生发现了自己的爱好，从而决定献身园艺事业，这时对园艺知识的学习就成为该生重要的社会需求或高级需求。

大学学习的自主性和选择性，既给学习主体提供了检验自己意志力、自我控制水平的机会，也对主体提出了提高自控力和意志水平的要求。正是由于时间和自由度的增加，外界监督的减少，大学生必须通过自己的努力和自控力来完成大部分的学习任务，此时学习成绩和结果的好坏与主体自控能力和努力的相关程度增加，成绩可以较大程度地反映自控能力的高低。一个每天按时上课、保质保量完成作业、主动涉猎相关知识的学生所获得的成绩和一个经常逃课、作业抄袭、从不将课余时间花在学习上的学生，他们取得的学习成果肯定是完全相反的。正是这种高度相关，使得大学学习对意志力提出了更高的要求，为大学生培养更高的意志水平提供了可能。以意志力当中的自信为例，能够在学习活动中获得好成绩可以带来自信心的提高，自信心的提高又可以反过来促进学习的进步。这说明学习和意志情绪其实是一种相互影响的关系。

三、学习对大学生社会适应性的影响

从社会的角度来看待学习对大学生心理健康的影响，不难发现，其中也存在着密切的联系。首先，大学是学生跨入社会的最后一道关口，其教学的主要目的就是为社会培养高素质的专业性人才。其学习的内容主要是为大学生进入社会担任一定的社会分工工作而设计的，特别是如果学生在专业学习和综合实践部分可以顺利地完成学习任务并主动积极地"化知识为生产力"，将对其尽快地融入社会起到非常重要的作用。其次，大学教学的一大特色是"团队合作"。这种强调团队集体作战的教学方式，使得学生不仅在学习进行中实践了所学知识、锻炼了创新能力，更重要的是在一个以专业学习为主要任务的团队中与成员互动，在很大程度上影响着一个人的人际交往能力。在学习过程中可能会碰到以后进入社会工作时可能遇到的一系列问题，可以说是以后工作的一次预演，如何分工协作、如何处理摩擦、如何妥协与坚持，对大学生人际交往能力都将是一大考验或者说锻炼的机会。可以说，无论从大学的学习目的还是大学学习的方式，都强调对大学生社会适应性的培养。这可以说是大学学习不同于其他阶段学习的最大特色之一。

第三节　大学生的学习心理问题

一、常见的学习心理问题

在日常教学中，往往存在这样一种现象：一些智商高的学生，学习成绩一般，甚至较差，而一些智商一般的学生，学习成绩却很好。究其原因，就在于学生是否能适应大学的学习方法以及心理是否健康等。我国著名的心理卫生学家陈家诗教授说："心理健康的学生，成绩优于心理不健康者；心理健康的成人，其工作效率必胜于心理不健康者。"在学习方面，大学生的学习心理问题大体表现在以下几个方面：

（一）学习适应不良

学习适应不良是大学新生中普遍存在的一种心理困惑，对他们身心健康造成了不同程度的影响。其具体表现有：

①对学习缺乏应有的兴趣、紧迫感和自觉性。②学习缺乏独立性，习惯于中

学时的学习方法，由教师安排自身的学习内容、学习计划、学习时间等，对教师的依赖性较强。③理解大学的学习特点和规律，不知道如何有效地开展学习活动。④学习中精力投入不足，对本专业的知识、技能、要求认识不足，不知道怎样建立专业知识结构，培养专业技能，学习带有盲目性。

原因分析：第一，大学的教学相对于中学来讲，在特点、方式和内容上有很大不同。大学老师一堂课讲授的内容多，有时会与教科书上有很大的出入；教学方法也与中学有差别，加之对新环境不熟悉，人际关系生疏，思念父母的心理不能摆脱等，这些给心理素质尚未成熟的大学生带来情绪上的波动和不安，以至影响学习。第二，大学生心理发展不成熟，由于他们缺乏生活阅历，在客观环境发生变化时，明显地暴露出适应能力差，不能尽快地随着环境的变化及时调整自己，以致影响学习。

（二）学习缺乏动力

大学生的学习动力缺乏，是指学习没有内在的驱动力量，没有明确的学习方向，无知识需求，更无学习兴趣，厌倦学习，尽力逃避学习。这也是某些学生常说的"学习没劲头"。这种学习动力缺乏主要表现在：

1. 无明确的学习目标

学习只为应付考试或尽快完成学业，因此在学习上不求甚解，只是死记硬背，不会把所学知识融会贯通，更不会对学科作深入的研究。既无长远目标，也无近期目标，极少调整自己的学习方法，对自己在大学期间及每个学期究竟要达到什么要求，心中没数。

2. 学习无计划

每天的时间怎么安排、学习什么、学习多少内容、如何在多门课程中合理分配时间和精力，对这些问题不做打算。过一天是一天，做一天和尚撞一天钟。没有适合自身的职业生涯规划方案，也没有系统的学习体系。

3. 学习动机弱

无成就感，无抱负和理想，无求知欲和上进心，没有压力和紧迫感。既不羡慕那些学习成绩好的同学，也不为自己虚度年华而惭愧。不积极摸索和改进学习方法，难以适应紧张、繁忙的学习情境，对学习成绩不佳不以为意。

4.学习无兴趣

不明确专业学习的意义，未能将自己的学习与国家、民族的振兴相联系，对专业学习缺乏兴趣。对学习活动提不起劲，上课纪律松散，不愿意听讲，对教师布置的作业和相关任务拖拉，漠然置之，甚至产生厌学、弃学的消极情绪，使学习不能坚持下去。

（三）学习动机强度

学习动机对学习活动起着发动、维护和推进作用，但并不意味着学习动机强度越大学习效果就越好。心理学研究认为，学习动机过强，不论是内部的抱负和期望过高，还是外部的奖惩诱因过强，都会使学生专注于自己的抱负和外部奖惩，而不是专注于学习，因此实际上阻碍了学习。学习动机过强的主要表现有三个方面：①成就动机过强。有的大学生成就动机过强，急于取得成就并超过他人，所树立的抱负和期望远远超过自己的实际能力和潜力。只盼成功，担心失败，给自己心理上造成很大压力，以致欲速则不达。②奖惩动机过强。对奖惩考虑过多，一心只想获得奖励，避免受到惩罚。奖惩动机过强的大学生大多是被动学习，以考试为中心，紧紧围着老师转，上课小心翼翼记笔记，下课认认真真对笔记，考前辛辛苦苦背笔记。这类大学生考试得分往往较高，但学得呆板，不能举一反三，灵活应变能力不强，知识面不够宽广。③学习强度过大。有些大学生不会合理安排学习时间，每天用于学习的时间过长，不善于休息，常常处于过度疲劳状态。同样地，缺乏动机或动机强度过弱，大学生不能专注于学习，注意力不能集中，学习行为不易发生和维持。

（四）学习心理疲劳

学习疲劳也叫学习倦怠，是指连续学习之后，在生理、心理方面产生劳累，致使学习效率下降，甚至出现健康方面的问题，使之不能继续学习的一种异常状态。面对日趋严峻的就业形势，近年来大学生"考级""考证""考研"成为热潮，学习心理疲劳问题也随之日益突出。有的学生过多自我加压，长期超负荷学习，过度用脑，不注意劳逸结合，导致身心异常疲乏，注意力下降，记忆力变差，对学习感到厌烦郁闷；有的学生不讲究学习方法，长时间对着单调乏味的学习内容死记硬背，对学习逐渐失去兴趣；有的学生平时学习不抓紧，临考前通宵达旦，废寝忘食，造成生物周期紊乱，学习效率下降。

学习疲劳分为生理和心理两种。心理疲劳的症状是精神涣散、感知迟钝、注意力不集中、情绪不安、忧郁、厌烦、学习效率下降。生理疲劳表现为肌肉痉挛、功能失调、动作不和谐、眼球发疼发胀、腰酸背痛、麻木、打瞌睡等。其中，心理疲劳是学习疲劳的主要表现形式。学习疲劳是一种保护性抑制，通常情况下，经过适当的休息即可恢复，但是经常过度的学习疲劳，大学生会对学习产生厌恶和烦躁情绪，学习效率大大降低。造成学习疲劳的原因主要是：对学习活动缺乏兴趣；学习时间过长，不注意劳逸结合；学习内容难度较大；睡眠时间长期不足等。很多大学生在学习压力下没有找到更有效的学习方法，只有通过学习时间的无限延长来达到预期目的，久而久之，"事倍功半"，反而更加重了学习心理压力。

（五）学习焦虑

学习焦虑是指大学生由于不能达到预期目标或不能克服障碍的威胁，致使自尊心、自信心受挫，或失败感、内疚感增强，而形成的一种紧张不安、带有恐惧的情绪状态。心理学研究表明，学生在学习过程中，保持适当的焦虑是必要的，它可以激发斗志，增强学习效果。但过度的明学习焦虑却是有害的，会对学习产生非常不利的影响。

刚进入校园的大学生，以往都是"佼佼者"，现在还想保持"尖子生"的地位，使他们长期处于冲突与痛苦中，精神过于紧张，学习上焦虑不安。还有一些学生因为背负着一定的经济压力，又面对着巨大的学习压力而整天"一筹莫展"。大学生严重的学习焦虑表现为学习压力大、精神长期高度紧张、思维迟钝、记忆力减退、注意力涣散、情绪烦躁、郁郁寡欢、精神恍惚、学习效率下降。

（六）考试焦虑

考试焦虑是指由于担心考试失败或渴望获得更好的分数，而产生的一种忧虑、紧张的心理状态。多数大学生在面临重要考试时都会产生一定程度的考试焦虑，这是正常的，但过度的考试焦虑对大学生的学习和身心健康危害很大。考试焦虑是一种负面的情绪状态，给人带来痛苦的反应，它既可能是一种暂时性情绪状态，又可以持续发展成为焦虑性神经症。因此，考试焦虑对学生的心理健康影响极大，尤其对大一的新生而言，更是如此。究其原因：一是心理负担过重，很多大一新生在中学时学习成绩优异，一直处在领先的地位，在大学里总期望保持这个优势，害怕失败和落后，结果造成焦虑；二是考试准备不足，平时没有认真掌握知识。另外，家长对子女的期望值过高等，也是学生产生考试焦虑的诱因。

过度考试焦虑者，表现为在考试前后精神紧张，心烦意乱，无精打采，肠胃不适，可能出现原因不明的腹泻、多汗、尿频、头痛、失眠、记忆力减退、注意力不集中、学习效率下降等。学生在考试过程中表现为心跳加快、呼吸急促、满脸通红、出汗、头昏、烦躁、恶心、软弱无力、记忆受阻、思维迟钝等，有时全身发抖、两眼发黑甚至晕倒。

原因分析：主要是缺乏自信。这是由于过去考试失败而造成的心理定式，生怕考试再次失败而产生的心理压力。

（七）学习自卑

进入大学后，学生的自我意识增强，自尊感特别突出，如不能正确地进行自我评价，则会导致自我意识失调。著名哲学家斯宾诺莎认为，"由于痛苦而把自己看得太低就是自卑"。有的大学生虽经一再努力，但成绩总是提不高，丧失了进取心；有的学生由于学习成绩太差，主观上又不努力，在学习上一再受挫，像泄了气的皮球，再也鼓不起学习的勇气；有的学生觉得考本、考研无望，竞争无资本，因而自甘落后，自我轻视，自我消沉。自卑心理产生的原因有的与家庭教育方法不当以及社会影响不良有关；有的学生是由于学校教育失误造成的；有的学生则是因个人智力和非智力因素影响所致。

自我轻视的心理在学习中的表现就是学习自卑，其对学习的不利影响是显而易见的。不成功的态度体验、不良的学习环境、不准确的自我认知，都可能是学习自卑的原因。自卑是一种自我轻视的心理，是自尊心受挫的结果，是羞于落伍的自尊心与学习成绩低下的客观事实长期矛盾又得不到解决而造成的心理创伤所致。其主要表现为：总认为自己智力和能力不如别人，处处低人一等；上课时，总喜欢坐在后排或角落里，眼睛不敢正视前方，尤其是不敢和教师对视；教师提问时，自己明明知道答案，却没有勇气举手回答；课堂讨论不敢发言，不愿参加各种学习竞赛活动；平时总喜欢低着头，不愿与人交往，喜欢独处；在公共场所，沉默寡言，表情不自然；遇到困难，容易丧失信心；每当考试时，总在心里暗示自己不行、通不过；十分在意别人对自己的评价，往往别人的一句玩笑话也会长时间影响情绪；自尊心强，感情脆弱。

（八）学习策略失当

大学生学习心理的另一突出问题是学习方式不当。36.9%的学生反映学习的最大困惑是不能适应大学课堂的教与学。大学的教学着重培养学生的自学能力，要求学生具有独立思考的自觉性和研究学习的自觉性。加之大学里课程门类多、课时多，教师讲课又不拘泥于一本教材。这样一来，依旧沿着中学的思维模式和学习方法进行学习的学生便产生了学习适应困难，如听课困难、完成作业困难等。

英国的一位哲人说过，"在中学阶段，学生伏案学习；在大学里，他应该站起来。"大学的学习特点与中学有很大的不同，大学学习具有自主性、专业性、广泛性和探索性等特点，课程的数量和难度都加大了，记忆性的知识减少，理解性的知识增多，这需要大学生具有较强的独立思考问题、解决问题的能力。而部分大学生还使用中学期间养成的学习方法，难以适应需要自觉的学习意识和创新精神的大学学习生活。

学习策略失当的大学生尚未探索出科学的学习策略体系，有明显的不适应学习的倾向。主要表现为：①学习时间安排不科学。学习没有计划，或有计划但不能执行。视兴致而学习，兴致一来连续多时，兴致消减荒废多日。②各学习环节学习方式不当。不重视预习，不带着问题听讲，不做课堂笔记或被动接受式做笔记。不积极参与讨论，不及时解决疑问。平时不温习，考试前搞大突击。一味死记硬背，不注意融会贯通、理解记忆。课外阅读不注意精读和泛读结合，或广泛涉猎但囫囵吞枣，或学得精细但视野褊狭。

二、大学生学习心理的培养

大学生在学习中表现出来的各种心理问题，不仅会严重地影响学习效果，而且也不利于大学生身心的健康发展，因而必须有针对性地进行调节和疏导，培养大学生健康的学习心理。具体来讲，应从以下几方面入手：

1. 努力提高自身的学习适应能力

在现实生活中，每个人都要随着外界环境的变化，不断地调整自己的位置，使自己的需求和发展与社会的需求和发展相一致。这就是说，随着大学环境的变化，大学生要使自己进入"角色"，在新的大学生活中寻找自己的方位，确立最佳位置。此外，培养自信心，在大学生学习中尤为重要。由于大学是人才云集之处，"能人"背后有"能人"，这就不可避免地使学生过去的优势变得不复存在，在现实的变化面前，由于心理承受能力差产生了自卑感，甚至失去了学习的信心，在这种情况下，大学生必须培养自己的自信心。

2. 确立适当的学习抱负水平

大学生在进入大学后，就应该根据学习任务的难度和自身的学习基础、学习能力等因素，为自己确立适当的学习目标和抱负水平。既要有远大理想，又不要"好高骛远"。心理学研究表明，学习目标和抱负水平太高，容易因经常达不到理想的目标而焦虑和丧失自信；学习目标和抱负水平太低，则很难对学习活动的动机起到激励作用，不利于学习水平的提高。只有适合自己的同时又稍高一点的学习目标和抱负水平，才能对学习活动起到真正的推动作用，同时又不会给学习能力和学习基础有局限性的大学生造成不必要的学习心理压力和心理障碍。比如，英语基础好且学习能力强的学生能一次顺利考过英语四、六级，而英语基础差且学习能力较差的大学生从心理上就不要盲目去"攀比"，没有必要给自己也确立"必须一次过级达标"的目标，第二次甚至第三次能通过也应看作是一种成功和超越，应该肯定并让自己感到满意。要知道，每个人的起点和奔跑的速度是不一样的，因而跑到终点的时间肯定是有区别的。

3. 增强学习动力，激发学习兴趣

兴趣是最好的老师。学习兴趣是人们在认知过程中的某种情绪情感的倾向性。学习过程既是理性的又是感性的。在学习过程中不仅要调动理性的心理元素（思维和记忆等）参与，而且要充分调动感性的心理元素（兴趣、热情、感知觉、想象等）参与。其实，认识过程本身的特点就是从感性认识到理性认识。而大学生的学习主要是通过听老师讲课和自己阅读的方式，来学习前人总结的各种间接的知识经验。因此，学习内容大部分是抽象的、概括的。感性资料和感性认识的不足，

常常会使大学生感到学习是枯燥和空洞的。为此，大学生应丰富感性认识、多观察自然和社会现象，理论联系实际、多参加科学实验和社会实践活动，使学习不再仅仅是抽象的、理性的、富于逻辑性的，而且是形象的、生动的、富有乐趣的。

首先，要增强学习动力，主要是确立学习目标。目标能指导人的一切行动。进入大学，等于眼前的理想实现了，新的理想、目标又等待着自己去确立，这种新目标的确立要根据大学的学习规律，结合自己的实际，并且要进行新的努力。在目标的确定中，大学生应该注意使个人目标与社会责任联系起来，把近期目标与长远目标结合起来，否则这一目标就难以实现。其次，要培养学习兴趣。兴趣是情感的凝聚，一个人如果对某件事情感兴趣，那么，他就会深入持久地去做这件事，力争达到预期目的。兴趣对于大学生来说，更为重要。它是求知的动力，热情的凝聚，行为的指向，成功的起点。但是，大学生的兴趣不是天生就有的，而是随着年龄的增长和实践活动的丰富，逐渐培养和发展起来的。所以，在学习中，大学生要善于发现激发自己兴趣的事情，努力培养这种乐趣。

4. 注重有效的学习策略和方法

科学有效的学习策略和学习方法是有效帮助大学生积极健康地学习、提高学习效率和成绩、减轻学习压力的重要措施与有力保障。大学生在整个学习过程中，应高度自觉地意识到自身思维认识和整个学习活动的心理状态，对认知流程学会实时监控，学会不断地总结自己的学习经验和策略，学会学习，让自己进入健康高效的学习状态。从某种意义上说，学会学习就是学会学习的方法。人们常把方法比作路、比作桥、比作工具，这是十分生动而恰当的。法国杰出的哲学家、数学家笛卡儿有句名言："最有价值的知识是方法的知识。"在爱因斯坦著名的"成功方程式"里，"正确的方法"也是三分天下有其一，可见其重要性。掌握科学而适合自己的学习方法，是大学生学会学习的关键。

5. 克服焦虑，提高学习效率

（1）克服学习过度焦虑

第一，要正确地认识和评价自己的能力，调整自己的抱负水平和期望目标，使之契合自身和客观现实。第二，增强自信和毅力，不怕困难与失败，勇于迎接学习中的挑战，保持适度的自信心，克服虚荣心理。第三，加强心理调节，保持情绪愉快和稳定，探索、掌握契合自己特点的学习方法，遵循大学学习规律，以增进学习效果。

（2）预防、消除心理疲劳

劳逸结合是预防心理疲劳的重要措施。学习一段时间，应该休息片刻放松一下；在学习之余，参加一些文体活动，使身心得到调节和放松，应培养广泛的兴趣和爱好，使生活内容丰富多彩，还应保证充足的睡眠时间。此外，要学会科学用脑，掌握学习效率最高的时间。如有些人感到早上效率最高，有些人感到晚上学习效果最好，在这种情况下多用脑，就会事半功倍。

（3）克服考试焦虑或"怯场"

要充分认识到考试是衡量学习好坏的手段之一，也是教学的一个重要环节。但是，成绩并不完全、准确、真实地反映一个人的知识水准，特别是对能力的反映更不全面。所以，大学生应重视考试，但不过分要求高分。要考得轻松，学得愉快。要想提高应试技巧，注意以下两个方面：一是，要做好考前准备，即认真复习，有计划、有安排、有轻重缓急。要合理安排时间，不要使大脑过度疲劳，以免影响学习水平，尤其是临考前几天应保持充足的睡眠，这样才能保证以清醒的头脑和充沛的精力走进考场。二是，要有应对"怯场"的办法，考试时先做确有把握的题，难题放在后面做，这样可以消除考试紧张情绪。假如考试"怯场"，可设法转移注意力，使大脑兴奋起来，诸如想一件令自己高兴的事，或是做几次深呼吸，使自己的情绪稳定下来。

（4）培养良好的学习心境

注意合理科学地安排自己的学习节奏，学会挖掘学习本身所蕴含的乐趣和美，是学习者需要培养的一种较高的学习境界。一个取得成功的软件工程师曾这样说：我在写程序的时候就感觉自己在写一首诗。在进入学习活动之前和学习的过程中积极调整自己的学习心理准备状态，带着和保持一种愉快的心境进入学习和完成学习活动，是保证积极健康的学习心态和良好的学习状态的重要条件。比如，我们可以给自己一些积极美好的心理暗示，可以让适合自己的一段美妙的音乐来放松自己的大脑和神经，甚至伴随部分学习过程等。

第四节 大学生的学习策略

一、学习策略的定义

学习策略是指学习者为了提高学习的效果和效率，而有目的、有意识地制订的有关学习过程的复杂方案。

二、学习策略的特征

（1）主动性

学习策略是学习者为了完成学习目标而积极主动地使用的。

（2）有效性

学习策略是有效学习所需的。

（3）过程性

学习策略是有关学习过程的。

（4）程序性

学习策略是学习者制订的学习计划，由规则和技能构成。

三、学习策略的分类

一般来说，学习策略可分为认知策略、元认知策略和资源管理策略等三个方面。

（1）认知策略

复述策略，精细加工策略，组织策略。

（2）元认知策略

计划策略，监视策略，调节策略。

（3）资源管理策略

学习时间管理策略，学习环境管理的设置，学习努力与心境管理，学习工具的利用，社会性人力资源的利用。

四、掌握学习策略的意义

（1）可以改进学生的学习，提高学生的学习质量。

（2）能更有效地促进教师的教。

（3）有利于学生更好地适应发展。

五、典型的学习策略

（一）认知策略

认知策略是加工信息的一些方法和技术，有助于有效地从记忆中提取信息。

1. 复述策略

复述策略是在工作记忆中为了保持信息而对信息进行重复叙述的过程。

这里，介绍几种复述策略。

（1）利用随意识记和有意识记

随意识记是指没有预定目的、不需经过努力的识记。而有意识记是指有目的、有意识的识记。

（2）排除相互干扰

在安排复习时，要尽量考虑预防前摄抑制和倒摄抑制的影响，要尽量错开学习两种容易混淆的内容；当学完一系列词汇后，立即进行测验，开始和结尾的几个词一般要比中间的词记得牢。这就是所谓的首位效应和近位效应。因此，要把最重要的新概念放在复习的开头，在最后对它们进行总结。

（3）整体识记和分段识记

对于篇幅短小或者内在联系密切的材料，适于采用整体识记，即整篇阅读，直到记牢为止。对于篇幅较长，或者较难，或者内在联系不强的材料，适于采用分段识记。即将整篇材料分成若干段，先一段一段地记牢，然后合成整篇识记。

（4）多种感官参与

在进行识记时，要学会同时运用多种感官，多种感官的参与能有效地增强记忆。

（5）复习形式多样化

采用多种形式进行复习有利于知识的理解和记忆。在实践中应用所学知识，是对知识的最好复习，但要注意选择有效的复习方法。较好的方法是尝试背诵法，即阅读与背诵相结合。一面读一面试着背诵，这样可以使注意力集中于学习中的薄弱环节，避免平均分配学习时间和精力，进而达到提高学习效率的目的。此外，还应尽量地调动起多种感官共同地进行记忆，眼到、口到、耳到、手到、心到，多种形式的编码和多通道的联系增加了信息的储存和提取途径，自然就使记忆的效果得到增强。

复习策略的主要目的在于使信息在头脑中牢固保持。而一系列的研究证明，只有理解的信息才比较容易记忆并长久保持；反之，死记的东西既难记，也容易遗忘。因此，复习策略应该与其他的学习策略协同作用，共同促进学习效率的提高。

注意复习时间的合理安排。根据遗忘发生的规律，复习的时间应该注意及时复习和系统复习。及时复习可以较大限度地控制遗忘。此外，要想长期保持所学到的内容，还必须进行系统地不断地复习。根据有关研究，有效的复习时间最好做如下安排：

第一次复习，学习结束后的 5 ~ 10 分钟，将要点加以背诵，或者阅读后尽快用自己的语言来表述所学的内容。

第二次复习，学习当天的晚些时候或学习结束后的第二天，重读有关内容，并将要点以自己的语言描述出来。

第三次复习，一个星期后。

第四次复习，一个月后。

第五次复习，半年后。

在每次复习时，究竟用多长时间是最有效的呢？是否复习时间越长，记忆效果越好呢？对人类记忆的研究发现，人们对事件的开始和结尾具有较强的记忆，而对中间的记忆较差。比如，若连续复习 3 个小时，那么只有一次开始和结尾，可能产生两头记忆效果好而中间记忆效果差的现象。为解决这一问题，可以将连续的集中复习时间加以分散，分成几个小的单元时间，中间穿插短暂的休息。这样，就能够增加开始和结尾的数量，进而提高记忆效果。至于每一单元的复习时间，可以根据学习材料的趣味性与难易程度而定。

学习完某一新内容后，复习多少次最有利于记忆？这涉及过度学习的问题。所谓过度学习，即在恰能背诵某一材料后再进行适当次数的重复学习。这种重复学习绝不是无谓的重复，相反，它可以加深记忆痕迹以增强记忆效果。一般而言，过度学习的程度达50%时效果较好。比如，当你识记某一材料读六遍刚好能够记住时，那么最好你再多读两三遍。

（6）画线

画线是阅读时常用的一种复述策略。在教学生画线时，首先，解释在一个段落中什么是重要的；其次，教学生谨慎地画线，也许只画一到二个句子；最后，教学生复习和用自己的话解释这些画线部分。

圈点批注的方法有：①圈出不知道的词；②标明定义和例子；③列出观点原因或事件序号；④在重要的段落前面加上星号；⑤在混乱的章节前画上问号；⑥给自己作注释；⑦标出可能的测验项目；⑧画箭头表明关系；⑨注上评论，记下不同点和相似点；⑩标出总结性的陈述。

2. 精细加工策略

精细加工策略是一种将新学材料与头脑中已有知识联系起来，从而增加新信息的意义的深层加工策略。

这里，介绍几种精细加工策略。

（1）记忆术

就记忆术而言，大体有以下几种：

①位置记忆法。位置记忆法是一种传统的记忆术。使用位置记忆法，就是学习者在头脑中创建一幅熟悉的场景，在这个场景中确定一条明确的路线，在这条路线上确定一些特定的点。然后，将所要记的项目全都视觉化，并按顺序和这条路线上的各个点联系起来。回忆时，按这条路线上的各个点提取所记的项目。

②缩简和编歌诀。缩简，就是将识记材料的每条内容简化成一个关键性的字。然后，将其变成自己所熟悉的事物，从而将材料与过去经验联系起来。编歌诀，是将材料简化成歌诀。在缩简材料编成歌诀时，最好靠自己动脑筋，自己创造的东西印象深刻。歌诀力求精练准确，富有韵律。

③谐音联想法。学习一种新材料时运用联想，假借意义，对记忆也很有帮助，这种方法被称为谐音联想法。

④关键词法。关键词法，就是将新词或概念与相似的声音线索词，通过视觉表象联系起来。

⑤视觉想象。视觉联想，就是要通过心理想象来帮助人们对联系的记忆。

⑥语义联想。通过联想，将新材料与头脑中的旧知识联系在一起，赋予新材料以更多的意义。运用这种方法关键是设法找出新旧材料之间的内在逻辑联系。

（2）做笔记

做笔记是阅读和听讲时常用的一种精细加工策略。为了做好笔记，教师应做到：讲演慢一点；重复复杂的主题材料；呈现做笔记的线索；在黑板上写出重要的信息；给学生提供一套完整的笔记,让他们观看；给学生提供结构式的辅助手段。

学生应做到：笔记本上不要写得密密麻麻，要留出一定的空白；同时记录正文及关键词和自己的疑问、感想；复习、思考笔记中的观点。

（3）提问

学生在活动中自己和自己谈话，自己问自己或彼此之间相互问老师要问的问题。

（4）生成性学习

生成性学习，就是要训练学生对他们所阅读的东西进行积极加工产生一个类比或表象，以加强其深层理解。这种方法最重要的一点就是需要积极地加工产生：①课文中没有的句子；②与课文中某几句重要信息相关的句子；③用自己的话组成的句子。

（5）利用背景知识，联系实际

背景知识对学习是很重要的，教师一定要把新的学习和学生已有的背景知识联系起来，并要能联系实际生活。这样，不仅能够帮助他们理解这些信息的意义，而且能够帮助他们感觉到这些信息的价值。

3. 组织策略

组织策略是整合所学新知识之间、新旧知识之间的内在联系，形成新的知识结构。组织策略对认知结构的改变，主要体现在对知识的简化、系统化和概括化上。这里，简要介绍几种组织策略。

（1）聚类组织策略，即按材料的特征或类别进行整理、归类的方法，又叫群集策略。主要用于自由回忆之类的学习任务。

（2）概括法，指以摒弃细节、提取要义的方式组织信息。布朗提出五原则：略去枝节；删除多余；代以上位；择取要义和自述要义。

（3）比较法，是对两种以上易相混淆的事物进行对比分析的一种常用方式。常用的有：对立比较、差异比较、对照比较和表格法。

（二）元认知策略

1. 元认知的含义

所谓元认知是对认知的认知，即个体关于自己学习或如何学习的知识。它包括学生对自身认知活动的自我意识和自我调节。

2. 元认知策略的含义

元认知策略是学生对自己学习过程的有效监视和控制的方法，属于监控策略。

3. 几种元认知策略

（1）计划策略

元认知计划是根据认知活动的特定目标，在一项认知活动之前计划各种活动，预计结果、选择策略，想出各种解决问题的方法，并预估其有效性。元认知计划策略包括设置学习目标、浏览阅读材料、产生待回答的问题，以及分析如何完成学习任务。在制订计划时应注意以下三点：①必须对目标做严密的审视；②将确定的总体目标分解为一个个小的目标，并保持计划的伸缩性；③配以一定的奖惩措施。

（2）监控策略

监控策略是在认知活动进行的实际过程中，根据认知目标及时评价、反馈认知活动的结果与不足，正确估计自己达到认知目标的程度、水平。同时，根据有效性标准评价各种认知行动、策略的效果。元认知监控策略包括阅读时对注意加以跟踪、对材料进行自我提问，以及考试时监视自己的速度和时间。

（3）调节策略

元认知调节是对认知活动结果的检查，调节策略能帮助大学生矫正自己的学习行为，使他们补救理解上的不足。

元认知策略的这三个方面总是相互联系在一起而工作的。学习者学习一般先认识自己的当前任务，然后使用一些标准来评价自己的理解、预计学习时间、选择有效的计划来学习或解决问题，以此监视自己学习的进展情况，并根据监视的结果采取补救措施。

（三）资源管理策略

资源管理策略是辅助学生管理可用环境和资源的策略，有助于学生适应环境并调节环境，以适应自己的需要，对学生的动机具有重要的作用。

1.学习时间管理

（1）统筹安排学习时间

每个人都应根据自己的总体目标，对时间作出总体安排，并通过阶段性的时间表来落实。

（2）高效利用最佳时间

其一，要根据自己的生物钟安排学习活动。其二，要根据一周内学习效率的变化安排学习活动。其三，要根据一天内学习效率的变化来安排学习活动。其四，要根据自己的工作曲线安排学习活动。工作曲线一般有：先高后低；中间高两头低；先低后高。

（3）灵活利用零碎时间

一是，可以利用零碎时间处理学习上的杂事。二是，读短篇或看报纸杂志，拓宽自己的知识面，或者背诵诗词和外文单词。三是，可以进行讨论，有助于创造性思维的启发。

2.学习环境的设置

学习环境是影响学生学习的外部条件之一。环境分为物理环境和心理环境。这里，我们所说的主要是物理环境。

一是要注意调节自然条件，如流通的空气、适宜的温度、明亮的光线以及和谐的色彩等。二是要设计好学习的空间，如空间范围、室内布置、用具摆放等因素。

3.学习努力和心境管理

主要应做到：激发内在动机；树立为了掌握而学习的信念；选择有挑战性的任务；调节成败的标准；正确认识成败的原因；自我奖励。

4.学习工具的利用

在高度发达的信息社会，学生要善于利用参考资料、工具书、图书馆、广播电视以及电脑与网络等。

5. 社会性人力资源的利用

学生善于利用老师的帮助以及同学间的合作与讨论。

六、学习策略的训练

（一）学习策略训练的原则

1. 主体性原则

指任何学习策略的使用都依赖于学生主动性和能动性的充分发挥。

2. 内化性原则

指训练学生不断实践各种学习策略。逐步将其内化成自己的学习能力，并能在新的情境中加以灵活应用。

3. 特定性原则

指学习策略一定要适于学习目标和学习的类型。

4. 生成性原则

指学生要利用学习策略对学习材料进行重新加工，生成某种新的东西。

5. 有效的监控

指学生应当知道何时、如何应用他们的学习策略并能反思和描述自己对学习策略的运用过程。

6. 个人自我效能感

指教师给学生一些机会，使他们感觉到策略的效力以及自己使用策略的能力。

（二）学习策略训练模式

1. 指导教学模式

指导教学模式基本思想是，学生在教师的引领下学习有关的学习策略。它由激发、讲演、练习、反馈和迁移等环节构成。在教学中，教师先向学生解释所选定学习策略的具体步骤和条件，在具体应用中不断给以提示，让其口头叙述和明确解释所操作的每一个步骤以及报告自己应用学习策略时的思维。同时，教师在教学中依据每种策略来选择许多恰当的事例来说明其应用的多种可能性。提供的事例应从学生的认知水平出发、由简到繁。

2. 程序化训练模式

该训练模式的基本思想基于加涅的学习层次理论。所谓程序化训练就是将活动的基本技能，分解成若干有条理的小步骤，在其适宜的范围内，作为固定程序。要求活动主体按此进行活动，经过反复练习使之达到自动化程度。规程化训练的基本步骤是：①将某一活动技能，按有关原理，分解成可执行、易操作的小步骤，而且使用简练的词语来标示每个步骤的含义。②通过活动实例示范各个步骤，并要求学生按步骤活动。③要求学生记忆各步骤，并坚持练习，直至使其达到自动化程度。

3. 完形训练模式

学生练习策略的某一个成分或步骤，然后，逐步降低完整性程度，直至完全由学生自己完成所有成分或步骤。

完形训练的好处就在于能够使学生有意注意每一个成分或步骤，而且每一步训练所需的心理努力都是学生能够胜任的。更为重要的是，每一步训练都给学生以策略应用的整体印象。

4. 交互式教学模式

交互式教学这种方法，主要是用来帮助成绩差的学生阅读领会，它是由教师和一小组学生（大约6人）一起进行的。旨在教学生这样四种策略：①总结，即总结段落内容。②提问，即提与要点有关的问题。③析疑，即明确材料中的难点。④预测，即预测下文会出现什么。

交互式教学模式步骤：一开始，教师作一个示范，朗读一段课文，并就其核心内容进行提问，直到最后概括出本段课文的中心大意。教师指定一个学生扮演"教师"，彼此提问。

5. 合作学习模式

该模式的基本思想是合作性成为当今基础教育改革所倡导的基本理念。在这种学习活动中，两个学生一组，一节一节地彼此轮流向对方总结材料。当一个学生主讲时，另一个学生听着，纠正错误和遗漏。然后，两个学生彼此变换角色，直到学完所学材料为止。

要使合作能够进行，教师必须注意以下几点：①要有一个有吸引力的主题；②要有可分解的任务；③要有一个有凝聚力的稳定的团队；④要有一个具有激励性、发展性的评价机制；⑤需要在课与课之间、课内与课外之间具有连续性。

七、学习策略与学习方法的异同

1.学习策略与学习方法的共同点

（1）学习策略和学习方法都是一系列相互关联的提高学习成效的活动。

它们是学习者在一定的学习原则的调节指导下，有意识地运用自己的心理能力和体力，把一系列具体的操作和手段连为一体而形成的有明确目的，即提高学习成效的活动。因此，学习策略和方法的指导理论来自学习实践，又要指导和应用于学习实践，在指导和应用中接受学习实践的检验，在接受检验中完善和发展自己的学习策略与方法。只有深刻地认识这一性质，才能使我们的学习策略与方法紧密地联系学习实际，从而得到有效的应用。

（2）学习策略和学习方法自身都是学习的对象。

因为我们所讨论的是广义上的学习，这种学习不单单指书本上的学习，还包括生活中的学习。因此，掌握学习策略和方法的意义在于更高效地学习。对于学生而言，学习策略和方法是指如何提高学习效果及效率的方略，而这个方略往往是带有学生个性倾向和经验性的。学生在校学习期间，能够有效地归纳和应用，优化和完善学习的策略与方法，当走上社会，他们也会养成在工作和生活中去寻找策略与方法，进而促进事业和生活的成功。

（3）学习策略与学习方法同属于操作性的知识。

学习策略与学习方法都是关于解决学习中的问题和完成某项学习任务的行为或操作步骤的知识。它包括一切为了进行学习的信息转换活动而采取的具体操作程序，是个体具有的用于具体情境的一套行为步骤。因此，作为操作性知识，它与陈述性的知识不同。陈述性的知识解决的是"是什么"的问题，通过记忆、理解和思维就能掌握，而操作性的知识，要想掌握就必须通过动手实践基础上的体验，以及动作性的记忆。没有认识到这一点，学习策略和方法的指导往往就不能获得成功。这也正是过去我们学校中学习方法指导课没少上，但收效甚微的原因。

往往学生并没有通过上这样的课而获益。操作性知识还有一个很重要的特点，那就是它在习得的早期，改进起来比较容易。然而，一旦在人的动作记忆中被编码且达到自动化，即养成了行为习惯，改起来就会相当地困难。这就说明学习策略与方法的指导必须要提早，而且要科学化。

2.学习策略与学习方法的不同

（1）知识的属性不同

就本质而言，学习方法属于程序性知识，关注的是如何做；学习策略属于策略性知识，关注于为什么要这么做，怎样可以做得更快更好。策略性知识以智慧为代表，而程序性知识以技能为代表。比如，要学习驾驶技术，陈述性知识是指如何启动车辆，如何打方向盘，如何行驶，如何停车等技能。这类知识的掌握要通过反复地练习。而策略性知识是指要学习这些技能，是跟熟人学，还是进入驾校学，怎么利用空闲的时间学；当师傅教完一个技术性动作后，是自己反复练习，还是找同学一起讨论切磋等等。

（2）操作的方式不同

掌握和应用具体的学习方法主要靠模仿、练习等操作性行为，它是学习策略的具体化，介于学习策略与学习实践之间。学习方法具有明显的工具性。既然是工具，就必然存在是否需要使用工具，使用什么工具，怎么使用工具更具效率等一系列具有选择性和决策性的问题。学习策略不仅包括信息加工流程所有环节使用的方法和技术，而且还包含有监控、反馈内容，在外延上要大于学习方法。学习策略的思维主要是学习者头脑中的与学习方法论相关的信息加工活动，是对自己在学习中遇到的具有一定全局性、长远性、根本性重大问题的理性思维过程。对学习策略的思维不仅包括学习者对学习问题的思考和谋划，如形成学习目标、学习计划、选择方法等，还包括计划的实施、反馈和修正。要形成、选择或应用一个适当的学习策略，需要学习者在学习中根据实际情况和各种需要，在深入分析、综合、判断的基础上，进行技术和方法选择、决策和调整。也就是说，学习过程中选择和采用什么方法，受到学习策略支配。这种选择和支配明显地具有个性化的特点。学习策略的好坏，不仅直接制约着学习者观察、分析、判断自己学习活动的变化发展的立场和观点，而且直接制约着学习者的学习方法、学习过程和学习成效，它体现了学习者是对学习规律的思考与把握和程度，是学习者思维能力和水平的体现。

（3）看待问题的角度不同

学习方法是我们学习时所采用的一种能让成绩变得更好的学习技能。学习策略是学习者在学习活动中，为了达到有效的学习目的而采用的规则、方法、技巧及其调控方式的综合。

有一个大学生在刚进大学的时候，听老师介绍说学习文科要多积累、多研究资料，学会做卡片是一种重要的方法。于是，他就迫不及待地买了很多卡片，喜滋滋地抄录书本上的各种语录，但一段时间以后，他沮丧地看到，事实证明，无目的的资料积累除了为废纸篓增加补充物外，并不能给自己带来多少学业的长进。

学习方法要受制于学习策略，学习策略在层次上高于学习方法。学习策略是广义上、宏观的和抽象的认识、决策与选择，它处于一种战略的高度；学习方法通常比较狭义、微观和具体，它属于战术的层面。两者的关系，与战略和战术的关系虽不是完全相同的，但有着极大的相似之处。在学习过程中，针对某一方面的学习任务或学习内容，学习策略是宏观上所要达到的目的和各种办法部署等，学习方法依托学习策略而来，学习策略也要考虑方法的最佳实施。前者就是你决定要做这件事的安排和选择，后者则是你具体怎样操作这件事。所以，林崇德先生说："如果用战术与战略关系来做比喻，学习方法属于战术的范畴；而根据学习情境的特点和变化选用最为适当的学习方法才是学习策略，它属于战略的范畴。"如果我们把前者看成是一种"战略"，那么后者就是构成这种战略的"战术"。虽然从整体上讲，是"战略"决定"战术"，但反过来"战术"也直接影响着"战略"的实施。由此可见，学习方法在学习策略的构成要素中始终是一个非常活跃的因素，它不仅决定着学习策略实施的基本途径和活动方式，而且还影响着学习策略的实施效果。因此，要高度重视学习方法的选择和运用，通过学习方法的精心选择和优化组合，去促进学习策略的优化与完善。

第五章　大学生的人际交往

第一节　概述

与人交往和沟通，是每个人的基本社会需要，也是一个人健康成长的必备条件。当今社会，人际交往能力已成为大学生最重要的基本素质之一。因此，掌握人际交往的基本规律和技巧，提高人际交往能力，是大学生心理健康教育的重要内容。

一、人际交往的影响因素

1.时空的接近性

俗话说：近水楼台先得月。这说明，时空距离是形成密切的人际关系的一个重要条件。

空间距离越接近的人，就越容易产生人际交往，如同班同学、同桌、同寝室的人，不仅容易交往，而且交往频率高。频繁的交往也容易使双方相互了解和相互支持。因接触机会多而相识，因相识而彼此吸引，因彼此吸引而容易形成共同的经验、共同的话题、共同的体会、共同的兴趣以及共同的利益，从而建立友谊。另外，时间上的接近，如同龄、同期入学、同期毕业等，也容易在感情上相互接近，相互吸引。

时空接近性是密切人际关系的重要条件，但也不是绝对的。有的时候，时空过于接近，交往过于频繁，反而容易造成摩擦和冲突，影响人际关系的巩固和发展。

2. 态度的相似性

一般来说，才智相近的人会彼此珍惜。人们倾向于喜欢在某方面或多方面与自己相似的人，包括思想、信念、价值观的一致或相似，兴趣、爱好的一致以及民族、年龄、学历、社会地位、职业、修养等方面的相似，这些都会让彼此间的关系融洽。

这种因为两个人之间有很多相似点而彼此吸引的现象，说明了相似性是建立良好人际关系的基础。"物以类聚，人以群分"，言简意赅地表明了人际吸引中的相似性作用。

相似性有助于交往，其原因主要有以下三个方面：

（1）各种相似的因素创造了较多的共同参与社会活动的机会，因而人们接触机会多，就更容易熟悉和互相喜欢。

（2）相似性可使交往双方在交往过程中得到相互肯定、相互激励。反之，如果双方态度差异大，则容易相互否定，增加彼此的心理压力，使双方交往不愉快，从而在心理上不愿意与对方继续交往。

（3）相似性因素可以使交往双方的意见容易沟通，减少误会、曲解和冲突，从而形成良好的人际关系。如果人与人之间有着共同的理想信念、人生观、价值观以及共同的爱好、兴趣等，在工作和生活中就容易有共同语言，产生心理共鸣，感情也易于交流，相处也比较融洽。相反，如果人与人之间的态度不相似，彼此之间就没有共同语言，相处就比较困难。

3. 需要的互补性

需要和满足需要的期望是推动人们相互交往的根本原因，也是人际关系的动机和目的。良好人际关系的形成取决于交往双方彼此满足需要的方式和程度。比如，成语"刚柔相济"指的是两个性情极端不同的人却能和谐相处。这种两个人之间彼此吸引的原因，就称为互补性。人们重视虽与自己不同，但能与自己互补的朋友。因为彼此可以取长补短、各得其所。在大学阶段的人际交往中，互补因素在个人兴趣、专业、特殊才能等方面，多数人都会有希望自己所缺由别人补足的心理倾向。

4. 外表与个性特征

（1）长相因素。在人际交往中，人们总是倾向于结交有魅力并且心灵也美的人，并且更强调的是心灵美。

（2）性格因素。人们对乐观开朗、助人为乐、富于幽默感、有进取精神的人非常倾慕。因为与这种人相处，能给人带来欢乐。

心理学家安德森在 1968 年进行的一项研究中，将 555 个描绘个性品质的形容词列成表格，让大学生被试者按照喜欢程度由高到低排列。结果显示，大学生最喜爱的个性品质前 10 位是真诚、诚实、理解、忠诚、真实、可信、聪慧、可依赖、有头脑、体贴；最厌恶的品质前 10 位是古怪、不友好、敌意、饶舌、自私、狭隘、粗鲁、自负、贪婪、虚伪。

（3）能力因素。人们都比较喜欢聪明能干的人，觉得与能力强的人结交是一种幸福并感到自豪。为此，不少人常与有特殊才能的人结为良师益友。

但有研究发现，群体中最有能力的成员往往不是最受喜爱的人。如果别人超凡的才能超出一定范围，使自己可望而不可即的时候，其才能所造成的压力就成了主要的作用因素，人们就会感到一种压力，并倾向于逃避或拒绝与这个人交往。另外，有研究显示，一个很有才华而又有些小缺点或过错的人，反而能够让一般人更喜欢接近他，比那些有才华又完美无缺的人更具有吸引力。

5. 沟通能力与语言障碍

缺乏沟通能力或技巧、沟通不畅、沟通失效、语言障碍等，都是影响建立良好人际关系的因素。例如，有人口齿不清，语言表达不准确，常常词不达意，别人不能确切理解其意或容易引起误会；也有人说话的语调使用不当，很少用商量的语调，习惯用命令式语调，因而易引起对方反感；还有些人存在偏见或歧视，不能正确地看待和认识他人，妄自尊大或沾沾自喜。这些因素都会妨碍良好人际关系的建立。

二、大学生的人际交往

对于大学生而言，校园生活是大学生活的中心，在同学关系、师生关系等方面都呈现出某些特点。

1. 同学关系

同学是大学生人际交往的主要对象,同学关系是大学生人际关系的主要内容。大学校园里的同学关系总体来说是和谐、友好的,同学之间的关系有亲情化、家庭化的趋势,即在日常生活、学习中创造一种如同亲属一般和谐稳固的同学关系。

（1）同学关系亲情化

在大学校园里,常常可以看到三三两两的大学生结伴而行,有的女同学手挽着手,显得十分亲密。关系好的几个同学会一起逛街、逛公园、看电影。大学生十分重视同学之间的情谊,希望感受彼此之间相互帮助、相互照顾、相互倾诉的学友情谊。

（2）宿舍生活家庭化

有不少大学生在寝室里按年龄大小进行了排行,一个寝室的几个同学就像一个家庭的几个孩子一样,按大小排序。

（3）同学间称呼世俗化

大学同学中,关系亲近的同学常用"哥们儿""姐们儿"相互称呼;在学生社团的活动中,为了让大家多参与、多配合,组织者常用"兄弟们多帮忙"之类的话来调动大家的积极性。这时同学之间的互相配合不仅是组织层面的,而且也是个人感情层面的。同学之间存在内部矛盾时,大家可以用"大家都是朋友嘛"来化解。

2. 师生关系

教师与学生,是大学校园里的两大基本群体。教师是大学生人际交往的重要对象,师生关系是学生人际关系的重要内容。师生关系如何,直接影响到学生能不能健康地学习和成长,并在很大程度上决定了学校能不能对学生的身心产生符合社会要求的影响。

和谐的师生关系在教育过程中十分重要。学识渊博、多才多艺、工作能力强的教师易使学生接受他的观点;工作认真负责、关心并尊重学生、性格开朗、果断的教师往往能赢得学生的喜爱。对学生而言,则应正确地对待教师教育过程中的缺点和不足。这样,师生之间才能互相尊重、互相理解,才能建立良好的师生关系。

在大学校园里，学生普遍尊敬教师。随着社会的发展，人们的很多观念都发生了变化，但学生中"尊师"的主流一直没有变。教师在建立新型师生关系中处于主动地位，他们对待学生的态度直接影响着师生关系发展的方向。

师生关系是在教学过程中发生的，师生间的主要人际交往集中在"教"和"学"这两个相互渗透又相对独立的过程中。在教学中，教师的基础知识及对相关问题的研究处于优势地位，因此他们拥有学术权威；而学生则可能在新的思维方法、新的技术领域中更胜一筹。当代大学生对教师的依赖逐渐减少。据调查，只有遇到与学习有关的"功课问题""学业问题"，才有较多的学生去寻求教师的帮助，至于个人的心理问题、情绪问题、家庭问题、交友问题以及恋爱问题等，则很少有人会去找教师帮助。

3. 大学校园里的学生交际圈

在今天的大学校园里，大学生根据各自兴趣、爱好、性格的不同，结成一个个或松散或紧密的交际圈，可以分为学习型、娱乐型、社团型等类型。

（1）学习型交际圈

在这个圈子里的学生，有一个共同的理想，就是学习。但真正为了学习学校开设的课程而形成学习圈的并不多，大多是为了考取某种证书、资格或者参加某种公共考试，如国家自学考试、研究生考试等，而形成一个个学习圈。

（2）娱乐型交际圈

在这个圈子里的学生，都爱好某种娱乐活动，如体育运动、文艺活动、休闲娱乐等。

（3）社团型交际圈

学生社团是校园文化的重要组成部分。社团有学术类、理论类、实践类、文艺类、体育类，涉及文、理、工、音、体、美等各个方面。许多大学生通过社团走出校园，培养能力，增长才干。

4. 大学校园里的网络人际关系

网络人际交往是人们在网络空间里进行的一种新型的人际互动方式，大学生作为网络应用的主力军，网络人际交往给他们的生活方式、价值观念带来的挑战和改变是前所未有的。据中国互联网络信息中心发布的统计报告，目前学生用户在中国的网络用户中占21%，是上网用户比例最大的一个群体。

三、大学生人际交往的特点

1. 主动追求开放式交往

在中学阶段，学生的注意力都集中在学习上，没有时间和精力进行较多的人际交往。进入大学后，由于学习模式转换，他们迫切需要走出家门，走进公共场合，结交更多的朋友，交流更多的信息，接受更多的新思想。在这种心理的作用下，大学生的人际交往呈现出前所未有的开放式交往趋势，主要表现在以下三个方面：

（1）交往的范围扩大

过去的交往对象多限于亲戚、邻居、成长伙伴、同宿舍或同班同学，现在的交往对象早已超越了家庭、宿舍、班级、学校，不再受地域的限制，范围不断扩展。例如，大学生交往的对象不仅包括大学同学，也包括在社交场合认识的其他人。同学之间的交往也不只局限于同班同学，已发展到同级、同系，甚至是同校可接触的所有同学。不仅是同性之间的交往，异性交往也很平常。

（2）交往的频率提高

过去的交往通常是偶尔的相聚、互访，现在的交往已发展为经常性的聊天、参与社团活动、举行聚会、开展体育活动、结伴出游，以及组织其他一些集体活动。

（3）交往的方式多样

过去的交往通常是同学之间的互访、写信。现在大学生的交往已普遍使用现代化的通信设备，交往手段有了很大的变化。这也使得大学生的人际交往变得更方便、更快捷，交往距离更远，交往范围甚至可以扩展到世界范围。

2. 追求人际交往的独立性和选择性

（1）从交往的特征看，过去的人际交往主要是在师长的指导下，在高年级同学的协助下进行。随着独立意识的增强，大学生交往的对象、范围都有了选择，交往的自由度增大。此外，大学生交往心理由情绪型向理智型转化。过去的人际交往主要是受情绪不稳定的影响，表现为情绪型的特征。随着社会经验的丰富以及心智的成熟，大学生不但学会了调节情绪，而且交往活动很少被情绪左右，在交往中能理智地择友。

（2）从交往对象看，通常以寝室同学的人际交往为中心，社会工作和网络社交的人际交往占主导。大学生虽然主动追求开放式的人际交往，但受时间、精力、生活环境、经济条件等因素的限制，交往的主要场所仍然在校园内，中心是寝室。

（3）从交往的内容看，基本上围绕共同的话题（如学习、考试、娱乐、思想交流、情感沟通）而展开。此外，大学生对异性之间的交往愿望强烈。由于大学生正处在青年中期，性生理趋于成熟，大学生活动能提供其与异性同学交往的许多机会，帮助其处理好恋爱关系以及与异性之间的交往。

3. 情感型交往与功利型交往并重

随着社会的发展变化，大学生在社交目的上也趋于"理性化"，选择什么样的人交朋友，并不纯粹是出于交流情感和志同道合，交往的动机已变得复杂。过去交往多是为了交流情感、寻找友谊、寻觅爱情，交往的目的相对单一，而现在随着社会的多样化，大学生人际交往的目的和内容也更加丰富多彩，交往涉及衣、食、住、行、学习、工作、娱乐等方面。可以说，大学生的人际交往在注重情感交流的同时，越来越注重与自身社会利益相关的务实性，呈现出情感型交往与功利型交往并重的趋势。

4. 从注重纵向交往转向扩大横向交往

进入大学后，大学生的生活空间大大扩展。从交往的方向看，从注重纵向交往转向扩大横向交往，从以往同班同学之间的交往扩大到同系、外系、外校的同学交往；从交往效果看，大学生对自己的社交能力和人际关系环境评价不高，他们虽然从心理上积极主动地去同他人交往，并且很注意学习社交知识，但实际效果并不理想，与自己的预期要求还有较大差距。

第二节　大学生人际交往中的常见问题

一、大学生人际交往的心理效应

人际交往培养人的社会适应能力，尤其大学时期的人际交往，是培养大学生思维的广阔性和创造性的中介方式。而要增强人际交往意识，就必须了解交往的心理效应。

1. 首因效应

首因效应是人们初次见面时产生的印象，也称"第一印象"，其对人的认知具有强烈的影响。人们初次相遇，总是首先观察对方的衣着、相貌、举止及其他可察觉到的动作反应。然后，根据观察到的印象对对方作出一个初步的评价。

虽然第一印象是在很短的时间内根据有限的、表面的观察资料得出来的，但由于它的新异性和双方鲜明的情绪色彩，却能在人的脑海中留下深刻的烙印。

如果某人初次见面时给人留下了良好的第一印象，这种印象就会左右人们以后对他的认识，使人们总是以肯定的眼光看待他，即使后来他发生了很大的变化，人们也很难改变这种印象，反之亦然。

2. 晕轮效应

晕轮效应又叫"成见效应"，指在人际交往中，对某人的某一种特性特别欣赏或特别厌恶，从而影响了对他的其他品质的认识和评价。晕轮效应的产生是由于在人际交往中掌握有关对方信息资料不足的情况下作出总体判断的结果。例如，一个人对某人产生了良好印象后，便以偏概全，认为这个人一切都很好，好像是被一个积极的光环笼罩着，从而也把其他好的品质赋予他，反之亦然。

人们常说的"爱屋及乌""情人眼里出西施"就是晕轮效应。一些人视乌鸦为"不祥之物"，但因为爱屋里的人，就连屋檐上的乌鸦都一起爱上了。热恋着的人，是透过玫瑰色眼镜来看待一切的，在他们眼里，恋人的一切都是美好的。

晕轮效应往往会影响人们的相互交往。如在一个集体里，当对某人印象好时就觉得他处处顺眼，"爱屋及乌"，甚至他的缺点、错误也会觉得可爱；当你对某人印象不好时，就觉得他处处不顺眼，憎人及物，对其优点、成绩也视而不见。这种心理状态必然会影响人际关系的融洽与和谐。

3. 定势效应

定势效应是指在人的头脑中存在某些固定化认识，影响着对人的认知和评价。首因效应是指第一次接触中形成的印象，而定势效应则是指头脑中已有的某些观念。其中，有的是个体自己形成的，有些则是社会上长期流传和沿袭下来的习惯看法与观念。

人们在交往中不仅会对个人形成印象，而且对群体也会形成印象，并且这种对群体的印象还会影响到对群体中个人的认知，这也叫社会刻板印象，即人们对社会上某一类人所形成的概括而固定的看法。如果一个人属于某个行业、某个民族，就认为他一定具有这个行业或民族的特性。

一般来说，定势效应的产生是以过去有限的经验为基础，源于对人的群体归类。如在人们的脑子里，女性总是柔弱的，男性总是强壮的，知识分子书生气，工人粗犷豪放，会计师都精打细算等。好就永远好，坏就是永远坏。这些都是对人抱有成见的刻板印象。

定势效应在人际交往中有利有弊。一方面，它会导致在认识别人的过程中存在某种程度的简化，有助于人们对他人有一个概括的了解；另一方面，倘若在非本质方面作出概括而忽视了人的个别差异，就会形成偏见，作出错误的判断。因此，大学生在人际交往中必须克服上述心理偏见，要辩证地、发展地、全面地、历史地观察和了解一个人，提高对人、对事物认识的广度和深度，从而提高人际交往的水平。

4. 投射效应

投射效应是指在人际交往中，认知者形成对别人的印象时总是假设他人与自己有相同的倾向和特征，即"由己推人"。

投射效应在大学生人际交往中的表现形式是多种多样的。如有的大学生对别人有意见，总以为别人对他怀有敌意，甚至觉得对方的一举一动都带有挑衅色彩；有的大学生喜欢背后议论别人，总以为别人也会时常在背后议论他；有的学生自己对某件事感兴趣，也以为他人会感兴趣，在一起聊天时，口若悬河，高谈阔论，完全不顾及他人感受；有的大学生在传递信息时随意打折扣，三言两语往往造成误会；有的大学生用自己的主观愿望或主观想象去投射他人，如有的男生或女生内心喜欢一个异性，希望对方也喜欢自己，进而把对方的一个眼神、一个笑脸、一个友好的表示，甚至一句玩笑都看成是对自己的表白。

投射效应的实质就在于从主观出发简单地去认知他人，自我与他人不分，主观与客观不分，认知的主体与客体不分，其结果导致认知的主观性和任意性。因此，大学生在认知过程中应注意客观性，力求从客观实际出发，深入考查，摒弃主观臆断、妄想猜测，以减少在人际交往中产生误会和矛盾。

二、大学生在人际交往中存在的问题

根据对当代大学生人际交往情况的调查显示，人际交往的困惑已成为影响大学生心理行为的主要因素。大学生在人际交往中存在多种多样的问题，具体可概括为以下六种类型：

1. 不敢交往

在人际交往中，人们都存在不同程度的恐惧心理，只是每个人的反应程度不同。由于害羞心理、自卑心理的作用，有一部分大学生在这方面反应特别强烈，他们在与人交往时显得特别紧张，心跳气喘、面红耳赤，两眼不敢正视对方。与人交谈时显得语无伦次、词不达意，尤其在人多的场合或在班集体活动中更是感到恐惧，不敢和人打交道，不敢表现自己。

2. 不愿交往

有的大学生在经历了"千军万马过独木桥"之后，发现自己不如在中学里那么出类拔萃，进而形成一种自卑心理，认为自己不如别人，怕别人瞧不起自己，遇事总是回避退让，整日郁郁寡欢，缺乏交往的愿望和兴趣。他们自我封闭、孤芳自赏或存有怪癖，但又特别敏感，心理承受力差，经不起任何刺激，独来独往，不愿抛头露面，不愿与人交往。

3. 不善交往

有的大学生因为不善于了解交往中的一些知识和技巧，在与人交往的过程中显得过于生硬，不注意交往中的"第一印象"；不注意沟通方式，在劝说他人、批评他人、拒绝他人时，不讲究艺术，影响了进一步的交往。

4. 不易交往

有些大学生在人际交往中不轻易相信别人、不轻易流露自己的真实想法，很难与人推心置腹，对人怀有很深的戒备心理。这样的人给人一种高深莫测、不易交往的印象，因而很难交到知心朋友。

5. 不利交往

有些大学生在与人交往的过程中，不注意交往的原则，开玩笑不注意场合，或者语言粗鲁伤了对方的自尊心；或不懂得尊重对方的风俗习惯，夸夸其谈。这些表现都有损自身形象的塑造，不利于大学生的人际交往。

6. 不懂交往

有些大学生不是不敢交往，也不是不愿交往，而是不懂交往。不懂得交往是不注意平时的交往积累，往往是自己有事求人时才去交往。这样的做法往往会使对方感到很为难，甚至感到是被利用的，因此，这种交往也就很难继续下去。

第三节　大学生积极人际关系的塑造

对于一个人而言，社会关系很重要，这是因为社会关系反映了人的本质。人与动物的区别在于人具有社会属性，人是社会的人，生活在一定社会关系之中，人的本质也只能通过人际关系得到充分体现。我们每个人在一生中都要扮演多种社会角色：在家庭中，存在父子关系、母女关系、爷孙关系等；在工作中，存在同事关系、上下级关系；在社会中，又有朋友关系、同学关系、师生关系、战友关系等。这些相互交融的社会角色，展现了我们的价值，体现了我们的生活质量。人际关系之所以重要，另一个重要原因就是它决定着自己是一个什么样的人，不只靠个体内在的自我，还依赖于他人的评价。因此，要重视人际关系，塑造积极的人际关系，这就需要诚挚的友谊、真诚的爱情、积极的家庭系统支持。

一、诚挚的友谊

（一）友谊的功能

友谊作为一种特殊的同伴关系，不仅可以帮助个体提高社会技能，而且可以向个体提供社会支持，因此，友谊对个体的社会性发展具有重要意义。

1. 提供情感支持

（1）可消除孤独感。友谊是一种充满深情的友好关系，在友谊中被一个人爱与在同伴接纳中被许多人喜欢的体验有着质的不同。沙利文特别强调青年初期友谊对于青年最初的、真诚的爱的体验的重要性。韦斯假设缺少强烈的情感纽带将导致孤独感，因此个体，至少是青少年，没有亲密的友谊比没有喜欢他们的群体更容易体验到孤独感。缺乏朋友往往导致大学生产生更多的孤独感。

（2）有朋友在场可使个体在陌生场合或受到潜在威胁压力的情况下感受到情感支持。个体愿意和自己的朋友一块儿解决冲突，个体也愿意与亲密的朋友分享个人的秘密。有一个可以依赖的亲密朋友能够增强信任感、责任感和相互理解感，而且成为他人的知己可以有机会为他人提供帮助和支持。

（3）朋友之间关系的发展有利于培养个体同性之间的敏感性和共同性，对成人期的稳定恋爱关系产生影响，并为他们提供亲密和相互协调的经验。有些心理学家认为，朋友之间的行为会影响到他们与其他人的关系，如朋友之间的分享帮助行为会迁移到与其他人之间的关系中。

2. 提供更多的交往和娱乐的机会

个体与朋友交往频繁，共同获得的乐趣也多，这有利于个体的心理健康。福特等人进行了一项实验，要求成对学生一起看幽默卡通片，发现两人是朋友关系的学生比不是朋友关系的学生从观看卡通片中获得了更大的快乐：前者大笑和微笑得更多，并且有更多的交谈和互相注视，也显示了更多的社会反应，如分享彼此的情感等行为。

3. 提供参照榜样

个体与朋友之间交流和心理沟通的机会多于与其他同伴的交流和沟通。个体在交往中难免出现矛盾和冲突，而彼此沟通好、交流多的朋友之间的矛盾和冲突，往往解决得比较快、比较好。朋友之间常常进行竞争和彼此激励，这样使友谊关系处于动态的发展中，友谊便可以促进双方的竞争，这种良性竞争反过来又促进了友谊关系向前发展。

4. 提供社会支持和可靠的同盟

当个体处于危险的境地时，其可能期望朋友比一般相识者提供更多的帮助，朋友也会提供适当的引导和帮助，并且以同盟者的身份站队，起到了社会支持的作用。可以信赖的同盟主要指个人对他人的忠诚感和帮助的有效性体验。这种可靠的同盟更多地存在于友谊关系之中，它使个体认识或体验到忠诚的价值和将朋友的需要置于个人欲望之上的重要性。

5. 提供获得基本的社会技能的机会

个体与朋友的交往频繁，这使他们有更多机会与朋友交流思想，表露自我，进行合作，培养自信能力。同时，与朋友交往也为个体提供了一个了解自己和他人的内在世界的机会，有利于培养个体"去自我中心"的能力，提高其观点采择能力。

6. 提高个体的自尊

朋友的陪伴通常比一般的伙伴陪伴更富有积极的情感色彩和社会性反应，能够产生肯定价值。肯定价值指一个人的能力或价值被另一个人证实或肯定。肯定价值能够促进自豪感、自尊感和自我接纳的发展。朋友和同伴都能影响个体的自我价值感，但是两者有质的差异。朋友之间相互了解，比一般同伴更能肯定对方的人格。有人研究了友谊关系与自尊的关系，发现有朋友的人，其自尊比没有朋友的人要高。其他相关的研究也表明，友谊关系与自我概念是相关的。友谊在某种程度上促进了个体自我价值感的形成。

（二）培养和维持友谊的方法

在现实生活中，每个人都希望与他人建立和维持良好的人际沟通，但往往建立友谊比较容易，能够长久地保持友谊则比较难。朋友之间的交往，贵在心理上的相容，这是建立友谊的心理基础。具体而言，培养和维持友谊的方法主要有以下几个：

1. 心理相容

朋友之间相处难免有一些矛盾和意见，再要好的朋友也不可能在各方面都完全相似。这些矛盾、意见、个性品质方面的差异，如果不能被朋友容纳，都可能阻碍朋友关系的发展，这是交友中普遍存在的一种现象。因此，心理相容在建立和维持朋友关系中有着很重要的现实意义。当然，朋友之间也不应让小的问题膨胀成大的矛盾，应给对方充分的信任，即使在意见不统一或发生矛盾的时候，也应当及时解决，而不是放任不管。

2. 换位思考

与人交往应真诚地从别人的角度看事情，理解别人，注意考虑对方对自己行为的感受和反应。例如，有位大学生假期去拜访过去的同学和朋友，在交谈中只顾讲自己的校园生活、师生关系、专业学习、新结识的好友，根本没考虑老同学和老朋友的心理需要，最后就连他的"普通话"都引起了朋友和同学的反感。造成这个局面的主要原因，显然是这位大学生没有考虑交往对象的心理需要，即交往对象由于地位、经历、学识等方面的差异所造成的不同心理需要。该大学生在与朋友的交流中没能站在对方的立场上想问题，因而使双方的心理距离加大，吸引力减小。

3. 以诚相待

朋友之间相处要以诚相待，开诚布公。如果是自己错了，就应该立刻坦率承认；当发现朋友存在不足时，要毫不掩饰地给予批评和帮助，绝不可口是心非，这是要好朋友之间的互相要求。心理学研究表明，朋友相处是培养和巩固友谊的过程，它的实质是通过朋友双方的交互作用达到精神上的满足。只有在开诚布公、诚实、坦率的关系中，人们才能进行顺利的心理沟通，朋友间才能分享彼此的真实感情，友谊也能在这种气氛中得到充实健康的发展。反之，如果朋友关系是一种互不公开、互不诚实的关系，朋友双方的心理沟通受阻，这样的朋友关系只能在短期内维持，不可能长期发展。因此，开诚布公的交友态度，在巩固和发展朋友关系中起着非常重要的作用。

4. 真诚互助

朋友之间维持长久的友谊应真诚互助。朋友之间的互助应体现在精神和物质两个方面。朋友间物质上、经济上的接济是必要的，而精神上的互助在朋友关系中更为重要。心理学方面的研究表明，人们在相互交往中总是希望得到交往对象的理解、同情、事业上的支持、人格上的尊重。如果这些需要得不到满足，就会增加不安全感，相互间的交往缺乏吸引力，增加排斥力，交往也很难维持下去。需要指出的是，朋友间的互助必须以真诚为前提。

5. 把握分寸

把握分寸是维持友情的重要秘诀。无论两个人怎么要好，彼此之间应有的尊敬是不可少的。许多本来十分要好的朋友，忽然闹翻形同陌路，都是由于双方过于亲近，因而忽略了敬意、礼貌和分寸。

6. 保持联系

好朋友之间不要因时间的流逝而失去联系。除了长久的交谈，还应时不时地用短信、明信片、邮件来相互问候。朋友本就是这样用普通的方式融入我们的生活。当他们在试图了解我们的生活时，你应尽可能地寻找机会和他们一起分享生活中的喜悦与感动。

7. 不要比较

朋友间不必纠结对方为什么最后打电话给你或最后邀请你，也不要比较谁送的生日礼物更昂贵，而要从长远的角度来看所有的事情，他们很有可能会用一些意想不到的方式来保持友谊的平衡。

二、真诚的爱情

（一）爱情的特征

1. 爱情以男女双方的互爱为前提

爱情是互相爱慕之情，是相爱者双方内心感情激流的汇合，是由两颗心灵弹奏出来的和谐旋律，而不是一方的独奏。相爱的双方既是爱者，又是被爱者；既要获得爱，又要奉献爱，这才能构成爱情关系。一方强制另一方与之结合，绝不是爱情。同时，如果仅有自己对对方的爱，即单相思，也不是真正的爱情。

2. 爱情具有排他性

爱情一旦存在于一对男女之间，双方在心理上是不能容纳第三者的存在的。男女双方一旦形成爱情关系，就不允许第三者存在，也不容许其中任何一方同时涉足第三者。爱情所包含的为它所持有的情感和义务，只能存在于恋爱者两人之中。恋爱的任何一方，可以同其他任何异性建立和发展友谊。但是，这种友谊及相应的关系，在现有爱情存续期间，不能超出朋友的范围。

3. 爱情具有自主性和平等性

两性之间爱情关系的确立，必须建立在当事人充分自愿的基础上，而不能是其他任何外来因素和势力干预的结果。在一些特定的情况下，不能不通过他人的中介作用，也不排除需要听取父母及他人的意见。但是，最终决定是否建立爱情关系必须是完全出于当事人双方的自愿，并由当事人自主决定。爱情是完全平等的，爱情的建立必须遵守平等原则，在爱情关系发展的过程中，男女双方必须处于完全平等的地位，甚至表达爱情的方式也必须是男女双方所愿意接受的。这种平等既是精神上的平等，也应当是物质上的平等。爱情的建立必须有相应的物质基础，任何虚幻的、纯粹的、柏拉图式的爱情都是不存在的。因此，怀有崇高的爱情追求是应该的，但在为建立爱情关系所做的选择以及为之努力的过程中，一定要实事求是，既不好高骛远，又不妄自菲薄，努力求得两人感情生活的一致和平等。在这样的基础上建立起来的爱情，才会长久。

（二）爱的能力

爱的能力是指和他人建立亲密关系的能力，它对人一生的发展有着重要的意义。具备了爱的能力会引导一个人去真正地爱他人，也真正地爱自己，能真正体验到爱给人带来的快乐和幸福。恋爱的过程也是培养爱的能力的过程。

爱的能力是一种综合素质的融合，是在爱的过程中一系列能力的集合。概括起来，包括以下几个方面的内容：

1. 迎接爱的能力

迎接爱的能力，包括施与爱和接受爱的能力。首先应使自己做好准备，懂得真爱是什么，有健康的恋爱价值观，知道自己喜欢什么，需要什么，适合什么。对自己、对他人、对万事保持敏感和热情，主动关心他人，热爱他人。当别人向你表达爱时，能及时准确地对爱的信息作出判断，并根据自己的意愿坦然地作出选择。

罗兰曾说过："如果你爱一个人，先要使自己现在或将来百分之百地值得他爱，至于他爱不爱你，那是他的事，你可以如此希望，但不必勉强去追求。"所以，无论你是去爱还是被爱，准备好"值得爱"的你，才是首要的。

2. 表达爱的能力

当你爱上一个人时，能否用恰当的方式和语言向对方表达出来呢？表达爱需要勇气，需要信心。表达爱是在表明爱一个人也是幸福的，即使可能得不到回报。你让对方知道了他被一个人爱着，这是一种很崇高的境界。恋爱中，适时地表达爱也是很重要的。

3. 拒绝爱的能力

自己不愿或不值得接受的爱，应有勇气加以拒绝。拒绝爱要注意三个方面：一是在并不希望得到的爱情到来时，要果断、勇敢地说"不"，因为爱情来不得半点勉强和将就。如果优柔寡断或屈服于对方的穷追不舍，发展下去对双方都是不利的。二是要选用恰当的拒绝方式。虽然每个人都有拒绝爱的权利，但是珍重每一份真挚的感情是对他人的尊重，也是一种自珍，同时是对一个人道德情操的检验。不顾情面，处理方法简单轻率，甚至恶语相加，结果使对方的感情和自尊心受到伤害，这些做法是很不妥当的。三是行动和语言要一致。不能语言上拒绝了对方，但行动上还与对方有较亲密的接触，如单独吃饭、看电影等，这容易使对方误解，认为其还有机会，继而纠缠在与自己的情感中。

4. 鉴别爱的能力

鉴别爱是指能较好地分清什么是好感、友情和爱情。有鉴别爱的能力的人，是自信也尊重别人的人。有鉴别爱的能力的人，会自然地与别人交往，主动扩展交往的范围，珍惜友谊，会尽量多地注意他人的感受。反之，过于自我孤立，过于站在自我的角度考虑问题，往往会对他人和自我感受的认识发生偏离。

5. 解决爱的冲突的能力

爱的冲突一方面来自日常生活中的不一致或不协调，另一方面可能来自于性格的差异。相爱的人不是寻求两人的一致而是看如何协调与合作。爱需要包容、理解、体谅，要会用建设性的方式去解决冲突，沟通是非常有效的方式。恋人间需要有效的沟通，表达清楚自己的思想和感受，伤害性的争吵或者冷战都不利于解决冲突。

（三）获得爱情的方法

首先，不管你所看重的人爱不爱你，你都要学会接纳自己。如果你只在别人对你肯定时才接受自己，那你就等于是在接受自己之前，先向别人强行要求对你的接受。这样的保证是不存在的。

其次，努力以一些实际的能力，如人缘、谈话的技巧或某种艺术造诣和成就，赢得那些对你而言重要的人物的肯定。这么做不但可以给别人快乐，而且自己也可以心情更好。若有人爱你，一定是因为你在性格或心灵上表现出某种特质。你可能会因为自己的仁慈和善解人意，或因为你的勇敢和能力而受人喜爱。当一个人在你身上看到了他最希望看到的特质，他就可能很自然地喜欢上你。

再次，专心于爱人。如果你希望生活完美，生活有活力，那么最好的办法就是在不牺牲自己的原则下，积极将你的精力贡献于你以外的各种人、事和物上。活力的源泉并不来自被动地接受生活所赋予的，而在于主动地关心与付出。

最后，不要将别人的关爱和肯定与自己的价值混为一谈。无论别人为了他们本身的利益爱你多深或看你多重，你自身的价值都不可能因为他们的关爱与否而稍有增减。如果你能够真正地接受这个真理，那么你就不会再迫不及待地需要别人的肯定。只有他人的接受与否对于你已经无足轻重，你才有机会真正享受获得肯定的实质利益，同时又不至于被别人的眼光左右，轻易地以别人的肯定与否作为评判自己价值的指标。

三、积极的家庭系统

（一）共同养育方式与亲子关系

心理学现在更趋向于用"共同养育"这个词来对亲子关系作出说明。共同养育分为不同的具体模式，主要有以下三种：

第一种是相互对抗性模式。父母在养育孩子时采取敌意性竞争，如父母一方在孩子面前数落对方的不是，或炫耀自己给孩子的爱更多等。对父母双方的一方来说，他（或她）对孩子的关爱主要是为了与对方展开竞争，其目的只是为了战胜对方，显示出自己有比对方更高的价值，因此，他们对孩子的关爱也许是看得见、摸得着的，但不是真正意义上的爱。这种养育模式在夫妻关系不和的家庭中出现的频率最高，许多夫妻把对孩子的养育看作是一种争吵的方式，希望借此来获得从双方直接争吵中所不能获得的或已经失去的东西（如自尊、自信等）。

第二种是分歧性模式。父母双方在对孩子的养育上意见相左，双方常常在手段、方法和内容等方面意见不一致。这种现象在家庭生活中比较常见，分歧表现在大的方面，如孩子将来的发展方向，父亲希望孩子要学音乐，而母亲则希望孩子去学美术等；分歧表现在小的方面，如日常生活中的行为方式问题，父亲要让孩子早点独立，要求孩子自己的事要自己做，而母亲则处处护着孩子，总是在各方面百般呵护，大包大揽。研究发现，父母双方在养育方式、内容等方面如果存在较多的差异，孩子在今后的生活中更容易产生焦虑情绪。

父母双方在对孩子的教育上存在分歧是一个普遍现象，几乎每一个家庭都会出现这种情况，如果双方的分歧不是很大，也不是原则性的，那么并不会对孩子产生很大的不利影响。但不管怎样，父母双方存在意见分歧总是不好的，总会或多或少地对孩子产生某些消极影响。因此，当父母双方出现教育意见偏差时，最好是双方首先进行协调或沟通，然后，再实施到孩子身上。也许协调或沟通并不能完全消除双方的分歧，但协调或沟通至少可以缩小这种分歧，或者可以针对分歧寻找到一种有效的实施策略。

严父慈母的教养方式在东方文化背景家庭中比较常见，它主要是指父亲和母亲由于自身性别的差异而对孩子采取不同的教育方式和教育要求，父亲严厉一些，母亲则宽容慈祥一些。从这种教育方式和教育要求的差异性来说，这就是一种分歧性教育模式。但是，从另一个方面来说，严父慈母只是限定在具体方式和要求程度上，它并不涉及教育的其他方面（如教育的目的或目标方面），也不意味着具体方式、方法或内容上的绝对对立或冲突，父母对孩子的最终教育目标还是一致的，因此，也不能绝对地把严父慈母的教育方式当作是一种分歧性教育模式。事实上，许多时候严父慈母表现为一种父亲的严厉教育和母亲的亲切安慰相结合。

第三种是和谐性的模式。和谐性模式并不意味着父母在养育孩子时的内容、方式、目标等方面的完全一致，它更多地意味着一种养育的气氛和环境。在这种养育气氛和环境下，父母双方取长补短、通力合作。如果把夫妻之间、父母与孩子之间作为两个系统的话，那么夫妻系统之间的和谐本身就是一种最好的教育资源，它能渗透进父母与孩子这一系统，从而对孩子产生积极的影响。戴维斯等人认为，在和谐性的教育模式下，父母之间会出现情绪安全，而这种情绪安全会有三个作用：一是，情绪安全会影响孩子调节或控制自己情感的能力；二是，情绪安全影响到孩子与父母交流的动机和行为方式；三是，情绪安全会影响孩子对家庭关系的认知和内在表征。反之，父母之间如果存在着许多的不和谐或矛盾，这些不和谐或矛盾就会引起孩子内心的冲突，尤其是与孩子教育有关的不和谐或矛盾，更会使孩子产生愧疚、自责、恐惧等不良情绪，从而影响到孩子的健康成长。

以上三种模式更多的是从父母双方意见一致与否的角度来展开说明的。假设父母对孩子的养育态度和行为都是一致的，那么，养育方式从要求和反应性两个维度可分为权威型、专制型、忽视型、溺爱型四种类型。

权威型父母对孩子的态度是积极肯定和接纳的，对孩子有明确的要求。他们对孩子的控制是建立在理性基础上的，在向孩子提出要求或命令时，通常会向孩子解释这样做的理由，同时也能倾听孩子的心声，考虑孩子的需要。一旦作出决定，就要求孩子坚定不移地执行，毫不妥协。他们也给孩子相当的自由度，允许他们自由地探索。权威型父母对待孩子是民主加纪律，既关心、爱护、尊重孩子的个性与意志，又不允许其为所欲为。这类父母的子女往往更可能服从父母的要求，也更加独立与自信。他们往往有较好的学业成绩，有更高的理想与抱负，与同伴相处融洽，表现出较多的利他行为，在青少年时不太可能表现出偏差行为。

专制型父母对孩子严厉、粗暴，缺少温情。他们要求孩子绝对服从，却很少对孩子说明为什么要这么做。为了使孩子服从，他们常常运用惩罚和剥夺爱的策略。孩子完全受制于父母，个人意愿得不到尊重，常常感到愤怒和拘束。由于亲子之间缺乏沟通，孩子无法向父母学到适当的社会技巧，一般不善于交往，对学校生活适应较差。有些孩子对他人充满敌意，攻击性强，不能自控。有些孩子则是抑制、退缩的，缺乏自信，游离于群体之外。

忽视型父母对孩子缺少关注与爱，很少提出要求与控制。对孩子的要求缺乏回应，让孩子感到受忽视与冷落，情感需求得不到满足。这类父母的子女不仅在社会交往及学业表现上皆有缺陷，也常会变成具有敌意及反叛的青少年，易出现行为偏差。

溺爱型父母对孩子高度接纳和肯定，允许孩子自由表达思想和感情，但很少提出控制和要求，偶尔对孩子提出纪律要求却不能坚持下去。过度的放纵会使孩子误认为自己是世界的中心，他的愿望和要求一旦得不到满足，就会觉得全世界都辜负了他，进而心生怨恨。由于父母对孩子的迁就，致使他们没有学会处理问题的方法，在学校与同学相处时的表现往往不够成熟，攻击性强，其责任心和独立性都较差。

（二）家庭变故与亲子关系

养育方式对儿童发展的影响已得到大量研究的证实。与此同时，越来越多的研究者也开始关注家庭结构的变化给儿童发展带来的影响，如单亲家庭、独生子女家庭、特殊家庭等。其中，对离异家庭亲子关系的研究最为深入。国内外大量研究表明，离异家庭儿童在智力、同伴关系、情绪障碍、自我控制和问题行为等方面，与完整家庭的儿童相比存在显著差异。总体而言，离异家庭的女孩对单亲家庭的适应情况要优于男孩，男孩显示出更多的认知、情绪和社会行为问题。而不同年龄、不同心理发展水平的儿童对单亲家庭的适应过程和程度也是有区别的，家庭破裂时，年龄尚幼、心理发展不完善的孩子受到的不良影响大于年龄较大、心理发展成熟的孩子。

（三）父母角色与亲子关系

亲子关系是孩子能够获得的最早的社会支持力量，这种社会支持能够增强个体的主观幸福感，使人们从这种亲密的联系中获得幸福。在交往过程中，父母扮演积极的角色，可使得亲子关系能够成为幸福的源泉。积极的父母角色不仅要满足孩子基本的生理需要和安全需求，如提供食物，避免事故，而且要建立起日常生活中对孩子理解、共情、接纳的情感支持模式，以满足孩子被照顾、被呵护的需要。此外，明智而积极的父母在抚养孩子的过程中还应明确制定规则并监督执行，以确保孩子在遵守或违反规定时得到应有的奖励或惩罚，从而有目的地实施对孩子积极行为的塑造和培养。

值得一提的是，亲子游戏和亲子交流是体现积极父母角色的重要手段与途径。如果能使之成为一种生活常规，那么不仅奠定了儿童安全依恋的基础，也满足了他们情绪和智力发展的需要。

（四）手足情与亲子关系

兄弟姐妹，这是一种带有"强制"意味的组合，每个人都无法挑选自己的兄弟姐妹，也不能像结束一段友情那样结束与兄弟姐妹的关系。血缘牵系着家庭中的兄弟姐妹共生、共存，并形成了每个人生命中最长久的人际关系——同胞关系。兄弟姐妹之间由于血缘，虽然天然具有手足之情，但同胞关系毕竟不同于父母与子女之间的关系，他们既共生、共享、协助，也嫉妒、竞争、排挤。兄弟姐妹这种司空见惯的同胞关系具有自身的复杂性，一般人际互动中的特点与矛盾也会在家庭手足之情中呈现。当家庭中的第二个孩子出生时，这种冲突就已经开始，它经常掺杂着敌意与竞争。

研究发现，同胞间的感情发展呈 U 形轨迹。普遍来看，人类在童年期和老年期拥有更亲密融洽的手足之情，在青少年期及青年时期，兄弟姐妹之间的手足依恋关系会逐渐淡化。因为这一阶段的个体，须打拼学业、事业，建立自己的小家庭，同学关系、同事关系、伴侣关系等新的人际关系的构建，大大提升了青少年期人际相处的社会性需求，削弱了同胞相处的血缘性需求。然而，当人到老年时，其社会价值会明显下降，各种社会关系的连接性不再迫切，他们此时倾向于回归家庭，重拾手足之情。

同宗同源构成了家庭中兄弟姐妹间与生俱来的亲密关系和手足之情，虽然冲突、摩擦，甚至争斗时有发生，但这并不能掩盖手足之情的积极特征。实际上，兄弟姐妹间的关爱、合作行为更常见，他们在朝夕相处的观察与互动中，学会了合作、分享、互助以及共情。同胞关系在很多文化中都被赋予"血浓于水"的情感期待。因此，兄弟姐妹间所形成的同胞关系往往是无条件接纳和无条件支持的最主要力量。

（五）创造积极的家庭文化编码

人们现在更趋向于把父母双亲或其他长辈等看作是一个整体来进行研究，这个整体经常用家庭文化编码来影响孩子。

"文化编码"一词，最早由英国著名教育社会学家伯恩斯坦在 20 世纪提出。伯恩斯坦发现生活在不同家庭背景下的孩子会形成各自不同的独特的家庭文化编码。孩子们的规矩、习惯和处世的方式，在很大程度上由孩子的父母或亲戚、长辈传授给孩子。

依据伯恩斯坦的定义，编码其实就是指导人们行为的一种原则或规则，这种原则不是以一种外显的条文方式存在，而是以一种情景意义的方式内隐存在，看不见、摸不着，但它时时刻刻在影响着个体。我们每个人的身上，都强烈地打上了原生家庭的烙印，这种烙印会伴随一生。童年时期留下的家庭烙印，就像做饼干用的模型，把我们捏成什么样子，长大以后就是什么样子。成人之后，我们会以童年时代接受的模式来解释所面对的许多问题。

孩子生活在不同的家庭，会形成自己独特的家庭文化编码。伯恩斯坦（包括他带的研究生）对不同家庭的文化编码做了许多的实证研究。在进行"看图说话"

的实验时，他发现劳工阶级孩子的言语编码具有限制性的特征，这些孩子言语计划时所花的时间要比中产阶级家庭的孩子短。而中产阶级家庭的孩子则正与此相反，其言语编码具有非限制性的特征，这些孩子常预设每个人的社会结构关系是不同的，因此，他们在言语时常常要仔细地寻找合适的句子表达方式，因而言语计划时间较长。在言语的意义理解方面，劳工阶级的孩子理解句子意义的顺序是"情景依赖先于情景独立"，而中产阶级的孩子则是"情景独立先于情景依赖"。

在以上这些实证研究的基础上，伯恩斯坦概括了现代社会两种典型的家庭文化编码：第一种是地位型家庭文化编码，第二种是个人型家庭文化编码。地位型家庭文化编码具有一些明显的特征：家庭各成员角色之间有明确的分工界线，各成员间角色的渗透性较弱，所谓"演什么像什么"，成员与成员之间具有一定的阶层性，不同成员的角色地位是天生的而不是自己去争取的，整个家庭呈封闭性状态，外来的或异己的东西不易进入。孩子具有了这种文化编码之后，通常比较敬重权威，比较注重个人的基本责任和维护集体利益，但个体的自我意识会受到压抑，独立性也不够，因此缺乏创新和创造的精神，这种文化编码在劳工阶级较多见。而个人型家庭文化编码则表现出了另一种特征：家庭成员间角色界线比较模糊，没有明显的权威结构，成员间角色相互渗透性强，家庭呈现出开放性状态，容易吸收或包容新的东西。孩子在形成了这种文化编码之后，会具有较高的自主性和独立性，不仅善于表达自己的意见、情绪等，而且也非常尊重他人的意见、情绪等。

比较上述两种家庭文化编码的特点可以看出，个人型家庭文化编码相对于地位型家庭文化编码表现得更积极。也就是说，上层家庭的文化编码更容易和社会整个的发展方向取得一致性，即与当时、当地社会的主流文化编码相一致，生活在这种家庭中的孩子也就更容易被社会接受，因为他已有的文化编码与其所要接受的新文化编码之间没有冲突，两者之间具有同码性。具有这种文化编码的孩子在社会性的考试中就能获得较好的分数，因而他也就有了更多的发展机会和融入主流社会的机会。而劳工家庭的文化编码与社会提倡和要求的文化编码不太一致，当生活在这种文化编码家庭中的孩子走出家门以后，他所面对的不仅是一个全新的世界，甚至是一个与其已有观念相矛盾或相冲突的世界。这种矛盾或冲突会使他产生困惑，也会使他无所适从。因此，他自然就不太容易融入主流社会，甚至也不太容易在学校中取得良好的学业成绩。

总的来说，个人型家庭文化编码跟整个大社会的发展潮流是一致的，其气氛更具有主动性和开放性，社会总是在持续不断地发展，与社会发展保持一致性的也就必然含有积极的特性，因而个人型家庭文化编码是一种积极的文化编码。

可见，帮助孩子建立积极的文化编码是一个十分复杂的问题，它一方面牵涉到家庭的方方面面，如父母的教养态度、家庭生活习惯等，同时也牵涉到孩子的先天特征，如神经气质类型等。

第六章　大学生情绪管理

大学生正处于思想活跃、情绪变化较快的发展阶段。大学生的情绪具有丰富性和复杂性、波动性和两极性、冲动性和暴发性，情感具有一定的细腻内敛性。情绪管理能力对大学生的生活、学习和情感等具有很大的影响，可帮助大学生较为全面地认识情绪，深入了解自身情绪情感的特点，找到自己的核心情绪，以及核心情绪产生的原因，并学会管理这些核心情绪，从而保持良好的生命状态，提升生命质量。

第一节　大学生的情绪认知

对于当代大学生来说，情绪是个体行为的重要驱动力，它影响着大学生的态度、行为和人格的形成。中国文化典籍《礼记·大学》中说，"知止而后有定，定而后能静，静而后能安，安而后能虑，虑而后能得。"意思是知道应该达到什么样的境界，才能够使自己的志向坚定；有了坚定的志向，才能够做到镇静平和；拥有镇静平和的心境，才能够安心做事；安心做事，才能周密思考；周密思考，才能够有所收获。我们对待情绪也有一个这样的过程，了解情绪是怎么回事，都有哪些类型和外部表现，健康的情绪具备什么标准，我们才能专注于调控情绪，理性行动，缜密客观地思考，最终得到成长。

一、情绪的基本解读

（一）情绪的概念

一般认为，情绪是人们对客观事物能否满足自己需要的一种主观体验以及所产生的身心激动状态，即人们对外界刺激所引起的生理和心理变化的一种主观体验，是人对客观事物的态度体验以及相应的行为反应。概括起来讲，情绪就是以个体愿望和需要为中介的一种心理活动，包含情绪体验、情绪唤醒、情绪行为等复杂成分，分为积极情绪和消极情绪两种类型。

我们可以从主观体验、生理唤醒、外在行为三个角度来理解这个概念。

1. 主观体验的角度

从个人主观体验的角度来说，情绪是指人对客观事物的态度体验及相应的行为反应。个体受到某种外界刺激后，能够产生带有主观性的身心激动状态，表现为喜、怒、哀、惧、爱、恶等形式。能满足人某种需要的事物，会引起满意、喜悦、愉快等肯定的情绪体验；反之，则引起不满、忧愁、恐惧等否定的情绪体验。

2. 生理唤醒的角度

情绪体验的产生，往往在情绪状态下伴随有一定程度的生理唤醒，如呼吸急促、心跳加快、四肢发抖、肌肉紧张等。心理学研究初步证明，完成情绪的功能系统可能包括下丘脑、边缘叶、丘脑核团等生理结构。其中，丘脑核团是获得情绪的核心结构，丘脑中存在着一种叫丘觉的遗传结构，丘觉能够控制情绪体验的产生。

3. 外在行为的角度

情绪一般伴有外在的行为表现，即面部表情、肢体动作和言语表达。例如，当人觉得羞愧时会脸红、出汗；当人觉得生气时会握紧拳头，声调提高；当人觉得害怕时会睁大眼睛，喊叫出声等。

（二）情绪产生的原因

人们经常会提出一个问题，即情绪究竟是人天生就有的，还是后天习得的？这就涉及情绪从哪里来的问题。达尔文认为情绪是天生就有的，他在《人类和动物的感情表达》中通过对比人和动物生气时的表情指出，人的情绪表达是物种进化的遗迹，二者之间具有千丝万缕的联系。还有一些研究者认为，情绪的产生有遗传的因素。

一般我们认为，人的基本情绪，如高兴、愉快、惊奇、恐惧、厌恶、生气、悲伤、愤怒等是先天就具备的，但是大量的情绪来自对外界刺激的反应。同样的行为和事件，有时候会引起完全不同的情绪，就证明事情本身并不决定情绪，情绪是由个人的态度、信念和价值观决定的。通过改变一个人看待事物的态度和观念，就可以改变情绪，由此证明了重要的一点，即情绪是可以控制的。

（三）情绪的特性

1. 情绪是复杂的

情绪很复杂，通常由几个同时发生的部分或不同反应构成。

2. 情绪往往是自动化的

情绪往往是人们对内在和外在事件不自主地、自动化的反应。

3. 情绪无法直接改变

我们可以改变促发情绪体验的事件，或者改变我们对突发事件的认知，但无法直接改变情绪体验。我们无法让自己去感受某种情绪，然后，就真的感受到那种情绪。

4. 情绪是突发的

情绪通常突然出现，不过，情绪的强度可能会随着时间慢慢增强。大多数的情绪维持不了多久，大约几秒钟或几分钟后就消失了，所以给情绪觉察带来了一定的难度。

5. 情绪是自我延伸的

情绪一旦曾经被启动，就会自己一直重新启动。比如，一个孩子在小的时候恐惧感被激活，如果这种恐惧感很强烈，或者经常激起恐惧情绪，那么这个孩子长大后可能会缺乏安全感，容易焦虑、胆小、敏感多疑等，也会比其他人更容易体验到害怕、恐惧等情绪。

6. 情绪是共有的

人类共有的情绪有许多种，比如喜悦、愤怒、厌恶、恐惧、内疚、嫉妒、悲伤、惊讶等。人们天生就可能有这些情绪，也有些情绪是后天学来的。

（四）情绪的外在表现

明白了情绪从哪里来，我们还要知道情绪要到哪里去，即情绪的外在表现。通常认为，情绪可以有以下四种不同的表现：

1. 心境

心境指的就是我们平时常说的心情，是一种微弱、弥散和持久的情绪状态。心境的好坏往往源于某个具体而直接的原因，并会伴随一段时间，对人产生持续性的影响。愉快的心境能够让人思维敏捷、精神饱满、宽容随和；而不愉快的心境会让人思维迟钝、萎靡不振、敏感多疑。心境的表达一般是指向自我的表达，是外界刺激在自身意识层面上的反应，但一般不容易被觉察和被客观认识。

2. 激情

激情也是我们平时所说的激动，是对某一事件或者原因的激烈反应，是一种猛烈、迅疾和短暂的情绪状态。激情有积极和消极两方面的影响，作为一种心理能量的宣泄，激情有益于平衡人的身心健康，但过激情绪也容易导致强烈的生理应激反应，出现危险。激情的表达多指向他人和环境，愤怒的表情、指责咆哮、摔打东西等都是激情的对外表达方式。

3. 应激

应激是在没有预料的情境下和危急情况下作出的情绪反应状态，是一种对突发事件的警觉和迅速反应。人在应激状态下往往会导致大脑皮层的兴奋和呼吸心率等生理变化。应激对维持人的正常心理活动起到了很大作用，积极的应激表达为沉着冷静、思维活跃、勇敢果断；消极的应激则表达为惊慌失措、一筹莫展、丧失判断。适度的应激是顺利完成各项活动的必要条件，有益于个体的身心健康，但是长期处于紧张的应激状态则会影响身心的正常机能，诱发疾病。

4. 热情

在心境、激情和应激之外，还有第四种情绪表达状态，即热情。热情是较之前三者更为持久、稳定和深刻的情绪状态。热情的表达方式能够指向理想、信念等精神领域，实现情绪的升华。例如，我们通常所说的对于艺术的热情就是一种情绪的能量升华。这种表达方式能够使消极情绪得到宣泄，并为人们高层次的需要提供动力，是情绪表达的最好方式。

（五）情绪的主要功能

1. 自我防御功能

从生理学的角度来看，情绪是由于大脑贮藏经验回忆和大脑与身体的相互协调和推动而产生的，所以情绪具有自我防御的功能。我们可以用恐惧来对抗身心的威胁，用愤怒来对抗不公正的待遇，由此使身心保持一个平衡的状态。就像美国心理学家洛伊·马提纳所指出的，"连接身体与心灵的自然愈合能力，最强而有力的途径就是情绪。"

2. 社会适应功能

情绪能够通过个体与外在事件之间的反应过程，调节个体与环境之间的关系。情绪的各种功能是在社会学习和认知活动过程中体现出来的，又能够调整社会群体之间的互动，提高个体的社会适应能力。例如，羞耻感能够使人保持与社会习俗的一致性，同情心有助于构建良好的社会关系等。

3. 激励强化功能

适度的情绪反应能够激励人的活动，推动人高效率地完成任务，并能够使个人能力得到强化。例如，正是由于在优秀人士面前的自卑，才能促使我们奋发图强；正是由于失败带来的沮丧和失落，才能激励我们重新振作。每种情绪都有它的意义和价值，能够给人力量和指引。同时，在紧急情况下，愤怒、恐惧等消极情绪能够让人提高警觉，而积极情绪则能够强化人的各种能力，让人变得更加自信、冷静、坚定，富有幽默感和创造力。

4. 信号表达功能

情绪的外在表现，既可以向他人传递自己的思想和感受，又可以从中判断他人的态度和倾向。更进一步讲，每种情绪都可以代表一种信号，引导我们发现问题和解决问题。例如，正面情绪的信号能够告诉我们事情正在按照预想的方向发展，负面情绪的信号告诉我们出现了问题需要解决。情绪的信号表达功能能够帮助我们清晰地判断并合理地解决问题，提供给我们成长的机会。

二、情绪的经典理论

心理学家们经过研究，提出了关于情绪的多种不同见解，其中的经典理论能够进一步加深我们对情绪的认识。

（一）情绪的外周理论

1884 年和 1885 年，美国心理学家詹姆斯和丹麦生理学家兰格提出了两种相类似的情绪理论，他们认为情绪的产生是由于植物性神经的系统活动，人们将这种理论称为情绪的外周理论。在詹姆斯看来，情绪是对身体变化的知觉，有机体的生理变化在先，情绪在后。他说，"我们觉得难过是因为我们哭泣，发怒是因为我们打人，害怕是因为我们发抖；而不是因为我们难过、发怒或害怕，所以才哭泣、打人或发抖。"在兰格看来，情绪是内脏活动的结果，强调情绪与血管变化的关系。他指出，"血管运动的混乱、血管宽度的改变以及各个器官中血液量的变化，才是激情真正的最初原因。"

詹姆斯与兰格对情绪产生的具体过程虽然认识不同，但他们有着相同的基本观念，即情绪刺激引起身体的生理反应，而生理反应则进一步导致了情绪体验的产生。詹姆斯—兰格的情绪外周理论指出了情绪与机体变化的直接关系，强调了植物性神经系统在情绪产生中的作用，具有一定的合理性，但是由于片面强调植物性神经系统的作用，而忽视中枢神经系统的调控作用，也引起了很多争论。例如，美国生理学家坎农提出的丘脑情绪理论，就是对詹姆斯—兰格情绪外周理论的批评。这一产生于 20 世纪 20 至 30 年代的情绪理论强调了中枢神经系统在情绪发生中的作用，认为情绪的中心不在外周神经系统，而在中枢神经系统的丘脑，情绪伴随着生理变化而产生。

（二）情绪的认知评价理论

早期的情绪心理学家们侧重于情绪的生理机制研究，强调情绪与有机体的生理唤醒之间的密切联系。美国心理学家阿诺德则在 20 世纪 50 年代提出了一种新的情绪认知理论，她强调情绪的体验不仅是由单纯的生理唤醒决定的，而且是生理唤醒和认知评价相结合的产物。大脑皮层的兴奋是情绪行为最重要的条件。20

世纪 60 年代初期，阿诺德在其发表的《情绪与人格》中首次提出"评价"的概念。她强调，刺激情景并不直接决定情绪的性质，从刺激出现到情绪的产生，要经过人的评价与估量，情绪产生的基本过程是刺激—评价—情绪，不同的评价会产生不同的情绪反应，而引起不同的情绪体验和行为模式，即评价—兴奋理论。

继阿诺德之后，在认知心理学领域里，情绪的认知评价理论出现了两个分支：一是以美国心理学家沙赫特为代表的认知—激活理论，二是以美国心理学家拉扎勒斯为代表的纯认知理论学派。沙赫特提出情绪受环境影响、生理唤醒和认知过程三种因素制约。其中，认知对情绪的产生起着关键作用，因此，这一理论又被称为"情绪三因素说"。拉扎勒斯则关注个人的社会经验在评价中的作用，认为人在社会中具有个体差异，不同的人与所处的具体环境形成决定了其评价的差别，进而决定了其具体的情绪，强调认知因素在情绪中具有的重要作用。

（三）情绪的动机理论

除了早期的情绪理论和后来发展的生理—评价相结合理论之外，还有一些心理学家主张情绪具有动机的性质，其中，最有代表性的是伊扎德从整个人格系统出发建立的情绪动机—分化理论系统。这一理论强调以情绪为核心，以人格结构为基础，研究情绪的性质与功能。其核心观点主要包括三方面的内容：一是情绪与人格系统；二是情绪系统及功能；三是情绪激活与调节。

（1）情绪与人格系统方面，伊扎德提出人格具有六个子系统：体内平衡系统、内驱力系统、情绪系统、知觉系统、认知系统和动作系统。这六个子系统又组合成四种类型的动机结构：内驱力、情绪、情绪—认知相互作用、情绪—认知结构。其中，情绪系统是这个庞大动机系统的核心动力，这些子系统中的各种情绪体验是促使有机体采取行动的动机力量。

（2）情绪系统及功能方面，伊扎德认为情绪包含神经生理、表情行为和情感体验三个子系统。情绪产生涉及的神经生理结构包括丘脑、杏仁核、脑干、松果体、新皮层、内分泌系统、躯体神经系统、自主神经系统等；情绪产生涉及的表情行为包括神经肌肉活动和感觉的反馈；情绪产生涉及的情感体验是由躯体和脸部活动模式的反馈信号进入意识状态而形成的。这三个系统相互作用，并与情绪系统以外的其他人格子系统相联系，实现情绪和其他系统的相互作用。

（3）情绪激活与调节方面，伊扎德提出四种激活系统：神经系统、感觉系统、情绪激活的动机系统、情绪激活的认知系统。他认为，这四种情绪激活系统从神经系统到认知加工系统之间由低级向高级发展。它们的运动会受到个体差异、社会因素和刺激特征的影响。这个观点的提出，解决了生理和认知两大激活方式对立的矛盾，肯定了非认知因素对情绪的激活作用。

了解情绪是管理和调控情绪的基础，在大学生的学习和生活中，情绪带来了很多显而易见的影响。例如，在学习中，经常有一些学生平时成绩非常好，却因为在考试中过度紧张而失利；还有一些学生去企业面试，技能和知识都很过硬，恰恰因为没有稳定住自己的情绪而紧张怯场，给考官留下不好的第一印象。这些紧张、焦虑等消极情绪影响了正常的自我表现，而处在积极的情绪状态，会让人思维敏捷、能力超常，比平时更加富有创造力。那么，如何让情绪发挥它积极的一面为我们服务呢？这就需要在了解情绪的同时，还能够管理情绪。

第二节　大学生的情绪管理

一、情绪管理的内涵

情绪管理是对个体的情绪进行控制和调节的过程，但又不等同于情绪控制和情绪调节。情绪控制和情绪调节的指向对象是负面情绪，而情绪管理的对象包括情绪的诸多方面，它研究的是如何引导人们认识自身的情绪，提高情绪智力，培养驾驭情绪的能力，建立和维护良好的情绪状态，其核心是开发人的情绪能量，提高自我意识，实现社会价值，完善人格修养。

人们一般从两个角度来界定情绪管理的概念：一是管理学；二是心理学。

管理学认为，情绪管理是现代管理科学发展的产物，是社会发展到一定阶段出现的一种新的管理理念和管理方式。情绪管理的过程是对个体或群体的情绪进行控制和调节的过程，关注情绪的健康表达，着眼于信任人、尊重人、关心人、发挥人的潜能，注重通过协调、沟通、交流和激励，发挥人自身的作用和人际沟通的作用，创造出一个相互尊重、相互对话、相互协作的和谐环境。

　　心理学认为，情绪管理是人成长发展的重要手段。强调情绪管理的目的是推动个体自身的生存与发展，包括情绪认知、情绪觉察、情绪评价、情绪管理等一系列的过程。

　　大学生特别是刚进入大学的新生很容易由于对现实的不适应，出现人际关系冷漠、人生信念缺失、学习热情不高等状况，引起情绪的波动，发展成自暴自弃、悲观失望、游戏人生等心理问题，要想解决这些问题，就要引导他们正确认识自我情绪管理的重要性，妥善管理好自己的情绪，形成健康、健全的人格。

二、情绪管理的作用

　　对于大学生来讲，情绪管理的作用主要有以下几点：

1. 有利于建立和谐的人际关系

　　在和谐的人际关系中，大学生能够获得充分的自我价值感，推动人格品质、理想信念和行为方式的提升与改善，加快其社会化的进程。其中，情绪起到了重要的信号表达和感染强化的作用，有助于个体认知、表达和调控自我的情绪，觉察和把握他人的失望情绪，在与他人的情绪互动中培养自身的情绪调控能力，进而拥有和谐稳定的人际关系。

2. 有利于促进身心的健康发展

　　由于情绪与人们的身心健康有着密切的关系，不良情绪不仅会造成生理机制的紊乱，导致各种躯体疾病，还会抑制大脑皮层的活动，使人的意识狭窄，判断力减弱，甚至精神错乱、神志不清，导致各种神经症状。相反，积极情绪可以直接作用于脑垂体，保持内分泌的适度平衡，使全身各系统、器官的功能更加协调、健全，有利于身体健康。所以，情绪管理能促使大学生通过对自己情绪的认知、调控来建立和维护良好的情绪状态，促进身心健康。

3. 有利于塑造健全的人格品质

　　健全的人格一般表现为情绪理性、冷静、脾气温和、有满足感、与别人相处愉快等要素。这证明情绪与人格密切相关，也说明了提高情绪管理能力对发展健全人格具有重要的意义。有效的调控情绪能使大学生保持良好、积极、稳定的情绪，有助于培养其乐观向上、积极进取、百折不挠的良好品质，并培养其真诚友好、善解人意等性格。若对不良情绪缺乏管理，任其泛滥，则会导致大学生人格出现缺陷和障碍。

三、造成情绪管理困难的因素

（一）遗传与生理因素

有些婴儿天生就比其他婴儿敏感。比如，抑郁质和胆汁质的人，他们的情绪基线比较低，情绪感受性较高，情绪敏感度高又强烈。这样的人在情绪管理方面具有更大的难度和挑战。

（二）缺乏情绪管理的技巧

原生家庭对情绪的认识如果是空白的，父母和祖辈本身就没有觉察情绪、管理情绪的意识，在这种环境中长大的孩子，可能就不具备这种意识。

另外一种可能是被父母保护或自我保护得特别好，社会经验严重不足，以至于缺少反思自我的意识，以为自己有任性的资本，错过了人格成熟的机会。

（三）动机不强

如果你每次生气，别人就顺着你，就能达到自己的目的，要学习管理愤怒情绪就会特别困难。一生气就能随心所欲，会增加爆发脾气的动机。而管理愤怒情绪的动机就会减弱。

如果你只有在非常悲伤、郁闷、哭泣时，别人才会倾听和帮助你，那么你很难停止悲伤。

下面的情况会降低管理情绪的动机：①情绪可能传递重要的信息，或是使他人为你做事。②情绪可能引发你自己的行为，让你做出对自己重要的事情。③情绪可能认可你对于一个情境的看法。④情绪让你比没有情绪时感到好过一些。

（四）情绪化与心理超载

情绪是自动化的、突发的。情绪一旦被启动，就会自己一再被启动，因为情绪让我们对与情绪相关的事件更敏感。比如，小时候体验过恐惧的人，长大后恐惧被启动的阈值就会降低。所以，当人们处在情绪化状态时，理性功能往往减弱，产生心理超载，极度恐惧、极度愤怒或其他强烈的情绪，就像掉入大海旋涡。在那一刻，人像是被情绪控制、湮灭了，好像在一片情绪的汪洋大海中无着无落。这时候的心理往往产生退行性的防御机制，要进行情绪管理是非常困难的。

四、情绪管理的内容和步骤

一般来说，情绪管理包括以下四个方面的内容：觉察情绪、解读情绪、表达情绪和自我激励。通过这些内容，我们可以觉察到自身的情绪，分析其产生的根源，摆脱消极情绪带来的负面影响，并运用情绪的作用激励自己达到预定目标。

（一）觉察情绪

当情绪还没有强大到超出我们的理性，还在我们的管理能力范围之内的时候，是比较容易管理的。而管理情绪的第一步是觉察，情绪觉察在情绪管理中占有重要的地位，它就像一串"0"前面的"1"。如果没有对情绪的觉察，情绪管理就是无稽之谈。只有清晰地觉察自己的情绪，及时发现和总结自己的问题，才能设定解决问题的目标和方案。

情绪觉察指的是对自己和他人情绪的认知，即在自己出现某种情绪时能迅速地觉察到，是一个人对当下情绪反应不带评判的观察与描述。初始情绪引起的次级反应（如强烈的羞耻感、焦虑或暴怒）是许多情绪痛苦的来源。初始情绪往往是为了适应情境而产生的，通常是适当的。在不评判的氛围暴露初始情绪，才能降低这种衍生出来的痛苦。

要做到觉察情绪，需要不带评判地体验情绪，不试图压制情绪、阻挡情绪或分散对情绪的注意力，不紧抓着情绪不放。如果评判负面情绪是不好的，那么每当痛苦的情绪出现时，自然会产生内疚、羞愧、愤怒或焦虑的感受，这些只会让痛苦更为强烈和难以忍受。当痛苦超过自己的忍受程度，人往往会启动心理防御机制，把这些情绪防御掉，情绪的觉察也就无从谈起。

情绪觉察一般包括觉察自己的情绪和觉察他人的情绪。

觉察自己的情绪包括了解自己的情绪模式、把握自己情绪活动的规律等。了解自己的情绪模式，要注意在平时培养客观全面的自我意识，认识到自己在情绪表现上的优缺点，并能够随时感受自己的情绪，分析此种情绪产生的原因；另外，每一个人在生活中都有情绪化的时候，而且很多情绪的出现都是有规律的，如果能对自己情绪出现的规律性保持清晰的意识，就能够抑制不良情绪的干扰。当觉察到情绪后，试着对自己的情绪进行描述，并对当下的情绪进行命名。沙赫特提出的"情绪三因素说"认为，情绪受环境影响、生理唤醒和认知过程这三种因素所制约。所以，在觉察和描述情绪时，可以从当时的突发事件、自己的生理反应（如身体某一部位发抖、心跳加快、汗毛直立等）、自己对事件的认知三个方面去入手。

觉察他人情绪的能力是在自我觉察能力的基础上产生的，通过捕捉他人的语调、语气、表情、手势等来实现。在这个过程中，要对他人情绪进行直观的感受和理性的判断。细致观察，用心感受，这是人际交往中必备的情绪素质和修养。

（二）解读情绪

任何情绪都有其意义和功能。深入理解每一种情绪，是管理情绪的重要一环。

1. 恐惧

面对危及生命、健康或福祉的情况，恐惧能组织我们的反应，让我们专注于逃离危险。恐惧是一种高能量的情绪，是维持动物生存的第一重要工具。它可以提高神经系统的灵敏度，并能使意识性增强，这对我们提高对潜在问题的警觉性很有帮助。它使我们获得本不能得到的信息，并迅速作出反应，在必要条件下选择逃避。人活着不能也不应该完全没有恐惧。

2. 愤怒

当重要目标或活动受到阻碍，或是自己及重要的人即将受到攻击，这时愤怒能组织我们的反应，让我们专注于自我防御、支配与掌控。愤怒给我们力量去改变一个不能接受的情况。愤怒的背后往往是对自己渺小和无力的恐惧。

3. 厌恶

面对冒犯及污染的情境和事情，厌恶组织我们的反应，让我们专注于拒绝及远离某种物件、事件或情境。

4. 悲伤

失去重要的人或东西，以及面对失去或未达成的目标时，悲伤组织我们的反应，让我们专注于重视的人、事、物与追求的目标，并向他人求助。失去提醒珍惜，因失去而获得力量，使我们更能珍惜自己仍然拥有的，包括记忆。

5. 焦虑、紧张

焦虑、紧张常常跟本人对自己的身份定位搞不清楚，或者本人与系统的关系不清晰或者误解有关。

6. 快乐

快乐会组织我们的反应，对于自己、开心的人及所属社群发挥最佳功能，让我们专注于继续从事增进愉悦、提升个人及社会价值的活动。

（三）表达情绪

情绪管理要求我们在知己知彼的基础上合理地、恰当地表达情绪，建立良好互动的人际关系。合理的情绪表达包括接纳、分享、肯定等，即对别人的情绪作出及时反馈，与对方分享各自的感受，认可并有效引导他人的情绪。

具体来说，情绪表达需要注意的是以下几个方面：

（1）什么时候表达？及时觉察情绪，在情绪可控范围内及时表达。另一方面要看当时所处的环境和情境是否适合表达，选择表达的时机很重要。

（2）在哪里表达？表达的场合也需要斟酌。

（3）对谁表达？情绪表达的对象是否愿意包容我们的情绪？他们当前的心理状态是否能够支持我们当前的情绪？

（4）如何表达？提倡温和的语言表达或温和的肢体表达，或者其他非伤害性的表达。如果是对人表达情绪，表达时不要含有任何对对方的攻击，只谈自己的感受或情绪，并强调这是自己的情绪，对方不需要为我们的情绪负责。

总之，情绪表达的原则是：非伤害性表达，时机恰当，评估对方当前的接受程度。只谈感受，不讲道理。只表达自己，不评价别人。谁的情绪谁负责，不找替罪羊。

（四）自我激励

自我激励即为自己树立目标并为之付出努力，以建立和维护良好的情绪状态，包括能一如既往地保持高度热情，不断明确目标并专注于目标等。有建设性的自我激励能够促进人们通过自我激励培养良好的情绪，控制情绪低潮，保持乐观心态，走向自我完善。

对于同样一件事情，不同的态度、信念和价值观会导致不同的情绪状态，自我激励可以将情绪引导上正确的发展轨道，让个体变得更加积极、乐观、自信，面对挫折时也能很快从低谷中摆脱出来，重新起步。

五、情绪智商

（一）情绪智商的内涵

情绪智商也就是我们经常提到的 EQ（Emotional Quotient），EQ 是与 IQ（Intelligence Quotient）对比提出的概念。简单说，就是人们理解、控制和利用情绪的能力。情商是一种心灵力量，是一种为人的涵养和性格因素。它包含了如何认识和管理自己的情绪、如何培养自我激励的心灵动力、如何认识他人的情绪并建立良好的人际关系等内容。清楚认识和正确运用情绪帮助自己，同时通过了解和分享别人的看法和感受建立良好的人际关系。

情绪智商最初由美国心理学家萨洛维和梅耶在 1990 年提出，用来描述对成功至关重要的情绪特征，将其界定为个体觉察自己及他人的情绪，并用来指导自己的思想和行为的能力。萨洛维通过五个方面描述了情绪智力：对自身情绪的认识能力、对自身情绪的管理与控制能力、情绪的自我激励能力、对他人情绪的认识能力、处理良好人际关系的能力。梅耶则从个人情绪的自我意识出发，将情绪智力分成了三大类型：一是能有效地管理自己情绪的自我觉知型；二是在恶劣情绪的反复中无力自拔的自我沉溺型；三是能认知自己的不良情绪但缺乏自我调节能力的认可型。

经过研究，他们将情绪智力的概念进行了更加清晰、明确的界定，认为情绪智力包含三种能力：一是准确认知自己和他人情绪的能力；二是有效调节自己和他人情绪的能力；三是运用情绪信息指导思维方式的能力。

20 世纪 90 年代中期，美国哈佛大学的心理学家丹尼尔·戈尔曼在此基础上，创作了《情绪智力》一书，形成了关于情绪智商的基本观点和理论体系。他认为一个人的成功，智力只占百分之二十的因素，而情绪智商占百分之八十的因素，情绪智力是决定一个人成功与否的关键因素，在个体发展中起着比智力更大的作用，并且情商可以通过经验和练习得到明显提高。他指出，"情绪潜能可以说是一种中介能力，决定了我们怎样才能充分而又完美地发挥我们所拥有的各种能力，包括我们的天赋智力"。戈尔曼在《情绪智力》一书中丰富了情绪智力的概念，将情绪智力概括为自我觉察能力、情绪管理能力、自我激励能力、控制冲动能力和人际技巧五种能力。由于这种观念引起了反对和赞同等多方面的反应，萨洛维和梅耶又对这一概念做了进一步的修订，将情绪智力最终界定为以自我意识为基础，包括乐观、同理心、情绪自制和情绪伪装等在内的综合概念，指出情绪智力应包括感知、评价和表达情绪的能力，以情绪促进思维过程的能力，理解、感悟和获得情绪知识的能力，对情绪进行有效调控的能力等。具体可以从以下五方面来进行阐述：

（1）能够清楚地认识自身的情绪特征，在事件中能够立刻察觉到自己的情绪，并找出产生情绪的原因，利用它作出正确的决定。

（2）能妥善管理和控制自己的情绪，并想办法自我安慰来摆脱消极情绪，既不因为悲伤或沮丧而意志消沉，也不会因愤怒和焦虑而丧失理智。

（3）面对消极情绪时，能够自我激励，专注于既定目标，克服重重困难，提高自己的自省能力和创造力，面对挫折和诱惑时能够咬紧牙关，控制一时的冲动。

（4）能真正地站在他人的角度上认识他人的情绪，了解他人的感受，察觉他人的需要，体会他人的感情，与他人产生共鸣，培养同理心。

（5）能建立和维持和谐的人际关系，通过倾听、沟通、交流，管理自身和他人的情绪，在良好的互动中推动个人和他人的成长。

（二）情绪智商对大学生的作用

1. 推动大学生清晰地认知自我，提高自身的心理承受力

一方面，很多大学生在自我认知上存在很大缺陷，对自己的评价也不够客观，常常过高地评价自己，造成自负；或是过低地评价自己，形成自卑，理想自我与现实自我的差距过大影响了其对现实的态度和行为。另一方面，大学生的情绪特征多表现为心理不稳定、易冲动、承受能力差，取得成绩时容易目空一切，有一

点点失败又深受打击。这就需要运用良好的情绪智商推动他们对自己形成正确的认知，增强其面对成功和对抗挫折的能力，培养他们稳定、积极、乐观的人格。

2. 帮助大学生正确地认识他人，营造出和谐的人际关系

很多大学生在家庭生活中养成了自我、排他的性格，影响了进入大学后对现实生活的适应能力，导致其在与人交往时，缺乏基本的交往能力和技巧，以自我为中心，苛求挑剔别人，却不懂得了解和分享别人的看法与感受，造成人际关系的淡漠。所以，需要运用情商的作用，帮助他们学会理解他人、分享合作，处理好大学里的人际关系。

3. 促进大学生顺利地走向社会，实现个人与社会的平衡

大学阶段是完成个人向社会化转变的重要阶段，最终目的是促进个人与社会的和谐一致，促进人的全面发展，这就要求大学生在学校中就做好融入社会的准备。然而，很多大学生的个人成长与社会不协调，难以适应社会。因此，大学生要注重情绪的引导、控制与调节，达到良好的情商水平，使个人与社会协调发展，最终达到个人成长与社会进步和谐的状态。

情绪管理的最终目的是做自己情绪的主人。要知道，积极情绪和消极情绪都具有推动力，我们要学会利用积极情绪，也无须逃避一些负面情绪。重要的是要学会因势利导，为我所用。有一位画家喜爱兰花，平日里花费了许多时间培育兰花。有一天，他要外出写生一段时间，临行前交代学生们好好照顾他的兰花，学生们却在打闹时不小心将花盆摔碎了，画家的兰花也不幸夭折。学生们都很害怕，不知道怎样跟画家解释。可画家回来后却没有责怪学生们，他说，"我种兰花，一是为了陶冶性情，二是为了美化环境，而不是为了生气的。"这位画家懂得用宽容和豁达管理自己的情绪。如果说我们的心灵就像一个房间，那么去用心整理和经营，就会发现把他打造得井井有条、窗明几净并没有我们想象的那么难，而且，只要去做都会有成效，现在的每一步努力，都能够决定我们的将来。

（三）如何提高情绪智商

完善和安适的心理状态是健康人生的重要标准之一。而在心理层面中，情绪状态又占有重要的地位。所以，我们需要了解情绪，认识到情绪智商的影响力，并学会提高自己的情绪智商。

在生活中谁都会遇到挫折，如果保持乐观的情绪，重整旗鼓，就能够战胜困难。特别是对于大学生来说，培养良好的情绪智商，是自我完善、自我实现的重要途径。当然，情绪智商的建设不是一蹴而就的，而是要在生活中不断总结和磨炼。戈尔曼等人经过研究，提出了提高情绪智商的"五步法"：一要为自己设定情绪智商目标；二要评估自己现在的情绪智商水平；三要制订提高情绪智商的具体计划；四要实践强化，反复练习直到形成习惯；五要从他人的反馈中寻找差距，继续提高。

1. 设定目标

良好的情商一般有下列标准：敏锐的觉察力，随时随地都能够清晰地觉察自己处于怎样的情绪状态；充分的理解力，理解哪些态度、信念和价值观导致了这种情绪的出现；合理的运用力，能够认识到积极情绪的推动力和消极情绪的正面价值，并合理运用它们实现自我成长；强大的摆脱力，能够迅速从某种不良情绪中摆脱出来，进入具有积极意义的情绪状态中。

2. 自我评估

苏格拉底有一句名言，"认识你自己"。认识自己是提高自己的基础。自我评估的第一个意义是通过自我评估知道自己的优势在哪里，将其进一步强化；看到自己的欠缺在哪里，然后努力改善。自我评估的第二个意义是寻找适合自己的提高方法。只有能够清晰了解自己的情绪模式，知道自己的情绪诱因和情绪盲点，能够采取有效的措施，调整自身的情绪。

3. 制订计划

设定了情商提高的目标，并对自己有了一个清晰的认识，下一步就是要根据自身情况，制订切实可行的计划，诸如多看书了解相关知识，多参与社交活动锻炼能力，多进行自省提高修养等。以处理人际关系为例，就可以制订如下的具体计划：有意识地训练自己换位思考的能力；多参加公益活动培养自己的爱心；参与团队活动提高自己的沟通协调能力等。

4. 实践强化

有了努力目标，有了自我认知，有了确切计划，就要进入最重要的实践环节。在切实的努力中，提高自己的情绪智商。在实践的层面，有许多具体的技巧。例如，在遇到困难时提醒自己开朗豁达；在遇到消极情绪时学会合理宣泄；在紧张和焦虑时帮助自己放松娱乐；在与人相处时提醒自己顾及他人的情绪等。在具体的实践当中不断强化良好情绪智商的形成。

5. 评价反馈

是否真正拥有了完善的情绪智商，还需要他人的反馈作为一面镜子来观察，在他人的评价中来看到不足，今后继续努力。同时，也可以在与人沟通的过程中，从他人身上学习。在生活中，许多人身上都具备我们自身所没有的优势，在出色的人身上，我们可以学到宽容、理解、细心、大度等优点，用榜样的力量推动我们提高自己的情绪智商；在我们厌恶的人身上，我们同样可以反省自己。例如，从多嘴的人身上学会沉默，从脾气暴躁的人身上学会忍耐，把他们当作反面教材，推动自己的成长。

良好的情绪智商，能够潜移默化地塑造性格、锤炼个性、改变生活。当我们学会了解自己、提高自己、了解他人、改善关系，我们就会品尝到生活的甘甜，拓宽自己的道路，最终成为自己想要的模样，获得想要的生活。

第三节　大学生的情绪发展

一、大学生情绪发展的特点

由于生理阶段、心理发展、社会文化和成长环境的影响，导致大学生的情绪发展具有自身鲜明的特点。具体表现为以下几点：

（一）情绪体验丰富多样

大学生处在心理发展由不成熟向成熟转变的过渡期，他们的情绪既表现出未成年人的天真幼稚，又表现出成年人的深思熟虑，人类的各种情绪，都能够在他们身上体现出来。在自我意识的发展上，大学生产生了丰富的自我体验，表现出强烈的自我尊重需求，容易产生自卑、自负等情绪体验；在人际交往过程中，大学生的交际范围日益扩大到老师、同学、朋友之中，并表现出更加细腻、复杂的情绪特征；在社会实践活动中，大学生在了解社会、学习道德规范的过程中，也开始思考自己的身份、角色、价值等问题。更有一些大学生开始接触两性情感，爱情的介入更使他们的情绪表现得复杂多样。

（二）情绪表现缺乏稳定

虽然随着认知水平的提高和知识经验的积累，大学生已经具有了一定的情绪控制能力，但是仍然带有明显的波动性，受到学习成绩、社会交往、交友恋爱的影响，情绪时而激动时而平静，时而积极时而消极，波动起伏较大。同时，大学生生理与心理之间的矛盾、个人需要与社会满足之间的矛盾、理想自我与现实自我之间的矛盾，在情绪上还反映出两个极端的摇摆不定，情绪容易从一个极端跳到另一个极端，在成绩面前得意忘形，在挫折面前垂头丧气，引发情绪问题的产生。

（三）情绪状态难以控制

在大学生当中，部分学生能够很好地控制自己的情绪，多数学生能够通过一些方式很快缓解不良情绪，但也不乏有的学生不能合理控制情绪，在外界刺激下表现出强烈的情绪体验，并产生冲动性的情绪行为。因为容易冲动，易导致在强烈刺激下情绪的突然爆发，失去理智，发生打架斗殴等攻击性事件，这些学生往往是校园问题发生的高危人群。

（四）情绪发展阶段分明

不同年级的大学生有着不同的课程设置、培养目标和学习任务，也面临着不同的个人问题，导致其情绪特点也随之呈现出鲜明的阶段性和层次性。大学一年级新生一般面对的是入学后的角色转变和适应问题；二三年级学生面临的是学业问题、恋爱问题等带来的情绪困扰；而四年级毕业生则更多地关注毕业后的社会角色转化、就业等问题。另外，个体差异、家庭教育和个人期望的差别，也会导致不同情绪状况的出现。

（五）情绪暴露内外不一

对于外界刺激，大学生有些情绪反应会表现得迅速敏感，不善于隐藏，喜怒哀乐都直接暴露在外，但是有一些情绪反应会隐藏很深，不形于色，表现出内敛、含蓄的特点，呈现出内心状态和外在表现的不一致，特别是在一些特殊的场合和特殊情况下，内心感受和外在表现甚至完全脱节。例如，有些学生明明在考试问题上非常关注，却表现出漠不关心的情绪；有些学生对于某一异性明明倾慕不已，却表现出冷淡排斥的情绪。这些都是由于大学生心理发展的不成熟和强烈的自尊心导致的。

二、大学生常见的情绪问题

（一）抑郁

抑郁是大学生经常体验到的一种情绪，是指一段非特定时期的悲伤、苦闷的心境。这种心境持续的时间可长可短，被具体事件引发或自发形成，伴随着厌恶、羞愧、自卑、焦虑、罪恶感等消极的情绪体验。对大多数人来说，抑郁只是偶尔出现，会随着时间的推移而消失。但是如果长期处于抑郁的心境，则会导致抑郁症。

大学生的抑郁情绪可以由多种精神因素引起，如较弱的自我效能感、复杂的学校人际环境、缺乏温暖的家庭环境、不恰当的父母教养方式、过于封闭的自我和不合理的情绪归因，以及其他有关的负面生活事件的影响。一般来说，性格内向、敏感、依赖性强、有过心理创伤体验的大学生容易出现抑郁情绪。

大学生的抑郁情绪主要从以下几个方面表现出来：情绪低落，整天无精打采，对学习和生活丧失兴趣，对今后的生活没有信心，缺乏年轻人应有的朝气；思维迟缓，不能集中精力，容易走神发呆；记忆力变差，容易遗忘，丢三落四，思考能力受到抑制；行为被动，做事情缺乏主动性，逃避集体活动，在人群中紧张不安，丧失人际交往的信心，体验不到生活的快乐；身体不适，常伴有入睡困难或嗜睡、饮食紊乱或没有胃口、体重骤减或骤增等生理症状。

我们可以借助很多方法摆脱抑郁情绪的困扰。例如，保持生活的规律性；寻找适合自己的心态调整方式；培养业余爱好；向老师、家长和亲友求助；合理设定学习目标等。若程度严重时，也可以借助药物和专业咨询的帮助。

（二）焦虑

焦虑本身是一种正常的情绪状态，是人在面临不良处境时的一种紧张状态，可以视为人的一种行为内驱力和具有自我保护功能的适应性行为。适度的焦虑是正常的，可以成为推动个体行为的动力。作为一种情绪障碍而出现的焦虑，一般指的是过度焦虑而引发的失常情绪，伴随有紧张、不安、惧怕、愤怒、烦躁、压抑等情绪体验。

大学生焦虑过度会引发生理、心理、行为和认知等层面的症状。例如，在生理上表现为自主神经功能失调，出现呼吸困难、出汗、心悸、发抖、口干、肌肉紧张等症状；在心理上表现为持续性的精神紧张、不安、担忧、恐惧；在行为上表现为容易急躁、过度敏感、逃避行为等状态；在认知上出现注意力分散、思维混乱、记忆力下降、大脑失控等不良反应。

引起大学生过度焦虑有多种原因，考试压力、激烈的人际竞争、对自己过高的期望值、因生活环境适应困难、对自己外貌的过分关注等都有可能产生过度焦虑。此外，在行为规范中由于某些失当行为而引起的自责和罪恶感，如考试作弊被抓、陷入情感纠纷、不良竞争等，也容易引发焦虑。

对于大学生来说，如果焦虑没有到极严重的程度，主要是靠自身科学的认知引起焦虑，那么放松自己的情绪，将注意力从焦虑事件中转移出来。如果焦虑状况比较严重和持久，影响到了正常的学习和生活适应，就需要及时寻求心理咨询师的帮助和治疗。

（三）自卑

自卑是一种消极的情感体验，是个体由于某种生理或心理缺陷或其他原因所导致的消极自我认知体验。这也是大学生常见的情绪问题，主要源于自我评价过低、自信心不足、担心他人轻视而给予内心的消极心理暗示，一般伴有悲观失望、自暴自弃等情绪。

大学生的自卑主要表现在：对自己的能力和品质评价过低，过分夸大自己的缺陷；对失败经验耿耿于怀难以自拔，怀疑自己的能力；对他人的评价过于敏感，自我封闭；逃避现实，放弃本来可以达到成功的努力等。

导致大学生产生自卑情绪既有客观方面的因素，也有主观方面的因素。客观因素主要体现在大学生自身成长环境和文化背景、经济条件存在的差异，个人先天条件的缺陷，家庭环境的不良影响等方面；主观因素主要体现在大学生理想自我和现实自我之间存在较大差距，自身的交际能力和环境适应能力较差，失恋或单相思等情感困扰。

大学生要克服自卑感，首先要学会辩证地看待别人和自己的形象，欣然接受自己，不仅要看到他人的长处，也要看到自己的优势，根据自己的兴趣、爱好、能力来积极调整自己的发展目标，并为此努力，实现自己的价值；其次要正确地对待自卑情绪，分析产生自卑情绪的原因，然后通过积极客观的自我评价来消除自卑感；最后还要在此基础上懂得扬长补短，通过努力奋斗提高和发展自己，用知识和思想进行自我完善，做出一些成就来弥补自身的缺陷，建立和维护自己的自尊与自信。

（四）愤怒

愤怒是一种暂时性的情绪状态，产生于人的自尊心受挫、人格受侮辱、人身安全受威胁、不公正待遇、未达到目的等外在条件。愤怒情绪本身并没有积极和消极之分，适当地表达愤怒还会产生积极的效果。如果愤怒情绪表达不当，则容易产生不良后果。压抑愤怒会将不良情绪转移到自己身上，给自身情绪造成压力，无故地迁怒于人，会给他人造成压抑和伤害，这些都是需要避免的。

表达不当的愤怒是一种十分危险的情绪。一方面，因为愤怒情绪容易引发失眠、高血压、胃溃疡和心脏病等疾患；另一方面，这种情绪容易失控而导致程度不断加深，引起事态的恶化，最后造成不可收拾的局面。特别是对于大学生来说，易冲动的情绪特征更加剧了愤怒造成的危害。

在现实生活中，很多大学生会因为几句口舌之争、一点不顺心的事情，或出口伤人，或拳脚相加，肆意地表达愤怒情绪，更有甚者还会丧失理智，导致伤人甚至犯罪。大学生中很多危机事件都是在怒气之下发生的。

对于愤怒情绪的调适，可以从以下几个方面进行：一是做好情绪觉察，这样可以留意自身的情绪变化，及时调整或抑制情绪，将愤怒情绪切断在源头；二是理智疏导情绪，遇到事情懂得沉着冷静、换位思考，用宽容大度的胸怀适当作出让步；三是恰当表达情绪，遇到事情时，先思考后行动，选择最好的方式来解决，换一种方式陈述自己的观点。

（五）嫉妒

在心理学中认为，嫉妒是人类的一种本能，是人们企图缩小和消除差距，恢复原有平衡，维持自身生存和发展的正常心理防御机制，嫉妒之心人皆有之，轻微的嫉妒可以使人有危机意识，促使人迎头赶上。但是，因为他人在某些方面优于自己，而产生带有忧虑、愤怒和怨恨体验的复杂情绪，并发展到伤害他人的行为，便是一种心理障碍的表现了。

大学生中不健康的嫉妒情绪有以下几种主要的类型：一是嫉妒他人在学业和个人成长中的优秀；二是嫉妒他人在形象上的出众和个人素质上的专长；三是嫉妒他人经济条件的优越；四是嫉妒他人在人际交往中的受欢迎和恋爱的成功。表现为贬低他人、诋毁他人名誉、对他人表现出傲慢和敌意等行为。不健康的嫉妒会导致自己的心态失衡，人际关系持续恶化，伤人伤己。就像巴尔扎克所说的，"嫉妒者会遭受比任何人都强烈的痛苦，自己的不幸和别人的幸福都会让他痛苦万分。"

面对嫉妒，我们应该客观地认识和评价自我，增强自信；与他人正确比较，良性竞争；泰然处理生活中的得失荣辱，克服虚荣；调整自我价值的确认方式，提高能力。克服嫉妒情绪并将其转化为推动成长的动力，保持良好的心态，让自己体验到学习和生活的快乐。

大学生必须为自己的情绪负责，把情绪的控制权拿回自己的手中。不论现在处于什么境况之中，在心灵的最深处，我们都愿意向着积极的方向发展，能够在健康、和谐、积极的氛围里，让心灵得以舒展、悦纳和提升，实现成长的愿景。

三、大学生情绪调控的方法

我们应该相信，每一个人都是自己生命的主宰和自己情绪的主人。当出现情绪问题时，不怨天尤人也不盲目消沉，而能够积极进行情绪调适。下面介绍一些常用的情绪调适方法，一面通过学习外在技巧治标，一面通过提高内在修养来治本。

（一）学习外在技巧，转移和化解情绪

1. 情绪转移

（1）情绪冷却法。当情绪即将爆发时，通过降低说话的音量、放慢语速、在心中默数数字等，有意识地平心静气。

（2）环境转移法。当感到即将控制不住愤怒时，换一个环境，避开矛盾，等待自己心平气和。

（3）注意转移法。把注意力转移到使自己感兴趣的事物上去，如散步、看电影、读书、打球、聊天等，让情绪平静下来，在活动中增进积极的情绪体验。

2. 宣泄释放

（1）找人倾诉。遇到挫折失败和负面情绪的困扰，最好的办法就是找到知心好友或者信任的老师、家长一吐为快，把内心的消极情绪宣泄出来。

（2）放声哭泣。科学研究证明，哭泣能够释放某种化学物质，让人得到释放和平静，在极为悲伤和委屈的时候，不妨尽情地痛哭一场。

（3）剧烈活动。运动量较大的体育运动、体力劳动有助于释放紧张的情绪，消除压抑和郁闷。

3. 自我暗示

（1）积极心理暗示。在内心有意识地暗示自己要保持好的心情和乐观的情绪。例如，对着镜子向自己微笑暗示良好的情绪状态，调动人的内在因素，发挥主观能动性。

（2）积极语言暗示。利用语言的指导和暗示作用，来调适和放松心理的紧张状态，使不良情绪得到缓解。这里的语言可以包括言语语言和书面语言两种。比如，大喊口号或写些激励的话语贴在墙上，都可以帮助缓解不良情绪，保持心理平衡。

（3）合理情绪暗示。找出一种合乎内心需要的理由来为自己的情绪辩解，以此来安慰自己，缓解内心的痛苦。这种方法可以起到积极的自我保护作用。例如，失败了就暗示自己"胜败乃兵家常事""塞翁失马，焉知非福"，通过自我安慰来摆脱烦恼。

4. 放松练习

（1）放松想象法。选择一个安静的环境,然后闭上眼睛,想象一些美好的景物、幸福的经历和美好的梦想；在想象的同时伴随呼吸调整；最后慢慢睁开眼。通过想象可以有效地使自己得到放松。

（2）音乐调节法。科学研究证明,音乐对人的生理和心理有着明显的影响,旋律优美、柔和悦耳的音乐,能够使人情绪安宁、舒适愉快,节奏鲜明、雄壮有力的音乐能够使人情绪振奋、激昂奋进。所以,可以通过选择不同的音乐来调整自己的情绪状态。

（3）松弛训练法。这是一种通过肌体的主动放松来缓解焦虑情绪,增强情绪控制能力的有效方法,对于过度焦虑、烦躁恐惧等情绪的调试都有一定的效果。放松的同时可以结合想象和音乐,使人全身松弛、轻松舒适、内心宁静。

（二）提高内在修养,扎实心灵基本功

1. 培养自信宽容的品质

（1）对待自己,自信豁达。要培养宽容忍让的品质,首先要树立自信,认可和悦纳自己才能够接受和包容别人,这就要培养恰如其分的自信心,欣赏自己并喜爱自己,同时能够坦然接纳自己的缺陷,并通过刻苦和勤奋作出积极的改变。

（2）对待他人,宽厚大度。提高个人修养,不仅要自尊自爱,还要豁达大度、心胸开阔、宽以待人。俗话说"宰相肚里能撑船",要明白每个人包括自己在内都有各自的优缺点,要学会尊重他人,并以宽大的胸怀体谅和包容他人。

2. 培养豁达乐观的心态

（1）学会辩证思维。任何事物都有正反两面,就像有阳光的地方就一定会有阴影一样,所以看待任何事物都不能一味地肯定或者一味地否定,应该用辩证思维思考问题,将事物的不利方面转化成有利方面,从失去当中发现收获,从苦难中经历成长,成为心智上的强者。

（2）培养正确态度。压力和挫折能够给人带来强烈的挫败感和消极的情绪反应,能否经得起这些打击,不仅在于压力和挫折本身的强度,更在于人们的态度。挫折其实并不可怕,我们完全可以依靠自己的力量去面对它、正视它、解决它或摆脱它。而且,挫折和磨难也能促人奋起、促人成熟,让人变得坚强、豁达

和乐观。

（3）树立健康观念。积极向上的人生观和价值观能使人始终保持积极乐观的生活态度，对未来充满信心。有了正确的人生观和价值观，才能指导我们正确处理压力，合理评价自己，培养高尚的道德情感，真正实现心胸开阔，豁达大度，用微笑面对各种困难和挫折的考验。

3. 培养坚忍不拔的意志

（1）做好点滴小事。日常生活、平凡小事都可以培养意志品质，如按时作息、按时锻炼身体、按时完成作业等，如果能够脚踏实地、始终如一地认真坚持，就是对意志最好的锻炼。而意志薄弱的人最明显的特征就是在小事上得过且过，为自己找借口。

（2）勇于克服困难。在学习生活中遇到困难是必然的现象，那么对待困难的态度就能看出一个人意志发展的水平，在克服困难的过程中也能够培养人的坚毅、顽强和果断。事实表明，越困难的事情越需要意志力的支撑，越能够培养意志。所以，我们还应该善于利用所遇到的困难，锻炼和培养坚韧不拔的意志。

（3）锻炼自控能力。自我控制能力是培养意志的关键。自我控制主要表现在两个方面：一是督促自己作出决定和执行决定，克服恐惧、羞怯、犹豫和懒惰的情绪；二是在实际行动中控制自己的冲动行为。大学生要提高自制力，可以通过参加体育锻炼、对比榜样的行为、制订文字计划等方式实现。

现代社会人们越来越关注心理成长和情绪的调整，总结出了许多种情绪调适的方法来应对不良情绪。同时，可以通过寻找和培养自己的重要他人，建立自己的社会支持系统等方法来实现情绪调整，必要时还可以向专业人士和专业机构求助。

总之，优化情绪不仅需要学校的努力，更需要家庭的配合，家校双方应根据自身的特点，采取科学措施，不断优化和培养大学生的情绪智力。此外，大学生自己也要不断提高认识，转变思想，不断发展自己的情绪智力。需要指出的是，大学生要因时、因地、因不同的情绪分别采用不同的调适方法，做到有的放矢，才能事半功倍。

参考文献

[1] 苟增强，高颖，赵晓璇 . 大学生心理健康教育 [M]. 北京：高等教育出版社，2022.

[2] 赵新 . 大学生心理健康教育的理论与实践研究 [M]. 天津：天津社会科学院出版社，2022.

[3] 李霞，余恺 . 大学生心理健康 [M]. 武汉：华中科学技术大学出版社，2022.

[4] 王晶晶 . 大学生心理辅导实用途径 [M]. 北京：东方出版社，2022.

[5] 李凤梅，孙少英，贾炜 . 心理健康教育导航 [M]. 北京: 中国人民大学出版社，2022.

[6] 李可，顾红霞 . 大学生心理健康教育 [M]. 郑州：郑州大学出版社，2022.

[7] 胡月 . 大学生心理健康教育 [M]. 大连：大连理工大学出版社，2022.

[8] 杨秀红，林琳，杜召辉 . 大学生心理健康教育 [M]. 上海：复旦大学出版社，2022.

[9] 王月琴 . 新时代大学生心理成长教育：理论与实践 [M]. 武汉：华中科学技术大学出版社，2022.

[10] 杨惠 . 大学生心理健康教育：理论与实践 [M]. 武汉：华中科学技术大学出版社，2022.

[11] 李爱冰 . 大学生心理健康教育机制构建与模式创新研究 [M]. 延吉：延边大学出版社，2022.

[12] 史蒂夫·鲍姆加德纳，玛丽·克罗瑟斯 . 积极心理学 [M]. 王彦，席居哲等，译 . 上海：上海人民出版社，2021.

[13] 丛建伟，张忠宇 . 心理育人案例赏析：以积极心理学为视角 [M]. 北京：

光明日报出版社，2021.

[14] 谭华玉，马利军. 大学生心理健康教育：积极心理学的运用 [M]. 广州：华南理工大学出版社，2020.

[15] 王琼，胡伟，许慧. 积极心理学 [M]. 郑州：河南科学技术出版社，2020.

[16] 刘翠兰. 积极心理学对大学生心理健康教育的启示 [J]. 山东省青年管理干部学院学报，2007（4）：51-52.

[17] 甘雄. 关于积极心理学视角下的大学生心理健康素质教育的思考 [J]. 中国科教创新导刊，2007（13）：109-110.

[18] 王承清，崔立中. 积极心理学对大学生心理健康教育的启示 [J]. 扬州大学学报（高教研究版），2008（1）：31-34.

[19] 宗岚，马会梅，刘毅. 积极心理学视野下的大学生心理教育探析 [J]. 文教资料，2008（5）：209-210.

[20] 刘剑. 积极心理学在促进大学生心理健康发展中的作用 [J]. 通化师范学院学报，2008（12）：101-102，105.

[21] 季丹丹，张森. 积极心理学与高校心理健康教育创新研究 [J]. 辽宁行政学院学报，2009（7）：86-87.

[22] 郭喜青. 为学生的健康成长提供心理营养：谈积极心理学与心理健康教育 [J]. 中小学心理健康教育，2009（10）：12-14.

[23] 秦月红. 积极心理学与认知疗法的融合对高校心理健康教育的意义 [J]. 现代教育，2009（10）：4-5.

[24] 周炎根. 积极心理学视野下的大学生心理健康教育 [J]. 民办高等教育研究，2010（2）：50-53.

[25] 何瑾，樊富珉. 团体辅导提高贫困大学生心理健康水平的效果研究：基于积极心理学的理论 [J]. 中国临床心理学杂志，2010（3）：397-399，402.

[26] 马传镇. 大学生的心理健康 [J]. 心理学研究（台港及海外中文报刊资料专辑），1986（6）：45.

[27] 赵恒泰，王吉广. 心理健康与成才：谈谈大学生的心理健康 [J]. 天津师

范大学学报（自然科学版），1986（6）：25-29.

[28] 程甫. 自费大学生的心理特点与教育对策 [J]. 雷州师专学报（社会科学版），1987（1）：121-123.

[29] 丁成标. 当代大学生心理特征分析及其教育探讨 [J]. 学校党建与思想教育，1987（1）：56-59+75.

[30] 黄赞基. 根据大学生的心理特点，进行四项基本原则的教育 [J]. 惠州学院学报，1987（2）：14-18，10.

[31] 陈丽梅. 谈当前大学生的心理健康 [J]. 学校思想政治教育研究，1987(3)：42-44.